I0751761

URBÉLISE ET LANVAL, OU LA JOURNÉE AUX AVENTURES,

COMEDIE-FÉERIE

EN TROIS ACTES ET EN PROSE;

Représentée, pour la premiere fois, à Paris, sur le Théâtre du Palais-Royal, le Mercredi 30 Avril 1788.

Par M. DUMANIANT.

Prix 1 liv. 10 f.

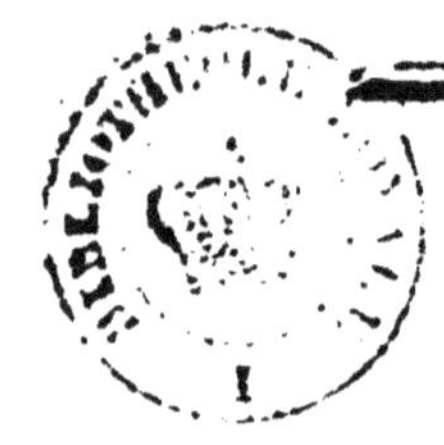

A PARIS,

Chez { GATTEY, Libraire au Palais-Royal, N° 13 & 14.
{ Et chez l'Auteur, rue de Rohan, N° 38.

M. DCC. LXXXVIII.

L'Ouverture, les Entre-Actes & les Airs de Danse, sont de la composition de M. DUPRÉ, Maître de Musique du Théatre du Palais-Royal. C'est à lui qu'il faut s'adresser, si l'on desire s'en procurer une copie.

PERSONNAGES.

	ACTEURS.
URBÉLISE, *Fée, Amante de Lanval*,	Mme Roubeau Vermily.
LANVAL, *Chevâlier, Amant d'Urbélise*,	M. St Clair.
CLORINDE, *Reine de Graduel*,	Mlle Forest.
LE COMTE DE CLARENCE, *Amant de Clorinde*,	M. Valois.
ARLEQUIN, *Ecuyer de Lanval*,	M. Bordier.
FLORINE, *Suivante de la Fée*,	Mlle Vermont.
NISIE, *Suivante de la Reine, Femme d'Arlequin*,	Mlle Fiat.
ALFARD, *Prince Anglais*,	M. Michot.
UN HÉRAULT D'ARMES,	M. Juclier.
HIRON, SOLDAT,	M. Verville.
UN GEOLIER,	M. Beaulieu.
GARDES, SOLDATS, DANSEURS.	

La Scène est tantôt à Graduel, tantôt dans une Forêt aux environs, ou dans le Palais de la Fée.

LE Rôle d'Arlequin peut être joué en Ecuyer. On le nommerait Marforio. Son coſtume ſerait à-peu-près celui de La-Hire dans la Fée Urgéle. Les Variantes que ce changement exigerait, ſont trop peu importantes pour qu'il ſoit néceſſaire de les indiquer.

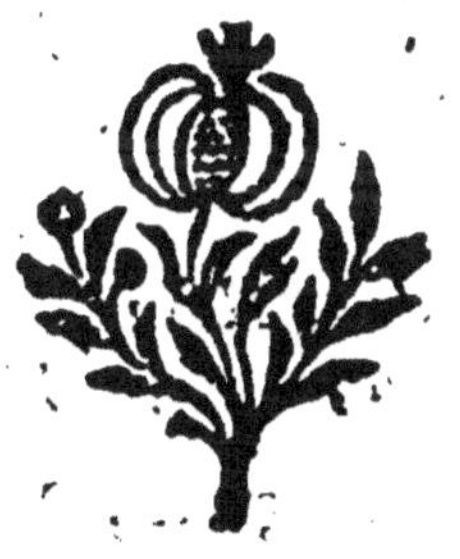

PRÉFACE.

UN de mes amis, M. MONNET, avait fait, d'après un joli conte de M. IMBERT, une Comédie Féerie, ayant pour titre *ARTUS* & *LANVAL*. Sa Piece intéressante par le fond, était semée de détails fort agréables, & de Vaudevilles pleins de sel & d'esprit : c'est d'après son ouvrage & avec son agrément, que j'ai composé celui-ci. Le genre que mon ami avait adopté, ne lui avait pas permis de donner à son sujet toute l'extention dont il était susceptible. En calcant mon plan sur le sien, j'ai ajouté des Rôles nouveaux qui ont agrandi l'intrigue. J'ai imaginé les Personnages d'Alfard, de Clarence & l'Épisode entier d'Arlequin déplacé sans doute dans une pareille intrigue, mais nécessaire à notre Théâtre, où un peu de gaieté ne gâte jamais rien. Le Rôle de la Reine, qui n'était que secondaire dans la Piece de M. Monnet, est devenu un des plus importants de la mienne, Entraîné dans une refonte générale, ce qui eſt indiſpenſable lorſqu'on change les données principales, il m'a été impoſſible de faire uſage d'une infinité de jolies choſes qui étoient dans la Comédie de mon ami ; mais j'aime à avouer que je lui dois beaucoup. Le premier mérite d'un ouvrage, eſt l'invention du ſujet. Il eſt plus facile d'ajouter des idées, aux idées d'un autre, que d'en créer ſoi-même une nouvelle.

Si j'ai travaillé ſur ce fond, c'était dans l'unique deſſein d'ajouter à notre Répertoire une Piece, dont j'eſpérais que l'effet pourrait être avantageux à l'entrepriſe, ſans être déſagréable au Public. Je n'ai pas été tout-à-fait trompé dans mon attente, & je ſuis trop payé de mon faible travail, auquel je n'ai pas l'amour propre d'attacher une grande importance. On a bien voulu ne pas porter ſur cette Piece l'examen d'une critique rigoureuſe : elle n'aurait pu le ſoutenir. Y chercher plus que je n'ai pr[illegible]ndu y mettre, eût été une injustice. Dans un ouvrage de ce genre, l'Auteur en s'affranchissant des règles, ne se promet pas beaucoup de gloire du succès, & lorsqu'il a excité la curiosité, amusé l'esprit, distrait les yeux, & intéressé quelquefois, il a à peu près rempli sa tâche.

Jusqu'à présent, le Public a bien voulu accueillir tous les ouvrages que j'ai hazardés. On m'attribue assez communément la plupart de ceux qui tombent. Rien de plus naturel, personne ne les réclame, on me les adjuge, & je me console sans peine de ce léger désagrément. J'ai été heureux jusqu'à présent; mais la mer où je vogue est très-fertile en naufrages, & lorsque j'aurai éprouvé le sort qui m'attend, & auquel tout Auteur doit se résigner, aulieu de me désoler de l'aventure, je rassemblerai toutes mes forces pour essayer de prendre ma revanche, & mériter de nouveau les encouragemens du Public. Dans cette Comédie comme dans celle de l'Amant femme-de-Chambre & celle des deux Cousins, qui sont les dernieres que l'on a jouées de moi, j'ai soigné mon style autant que je l'ai pu, pour prouver aux critiques honnêtes qui ont quelquefois daigné parler de mes faibles essais, que je sais profiter des avis qu'ils me donnent. On me permettra cependant de ne pas compter absolument au nombre des critiques bien honnêtes, le rédacteur du Mercure, quant à l'article des Spectacles, qui semble avoir pris à tâche de rabaisser le nôtre, chaque fois qu'il en peut saisir l'occasion. Je dirai à sa louange qu'il ne manque jamais d'adresse pour la faire naître, & pour faire de vigoureuses sorties contre nous pauvrets qui n'insultons personne. Tantôt il en veut aux Acteurs, tantôt au Public qui nous accueille, & tantôt en une seule phrase il juge toutes les Pieces de notre Répertoire. On a beau, en écrivant, s'observer sur les bienséances Théatrales, éviter les jeux de mots, les calembours, les plates équivoques : les Directeurs ont beau s'abstenir de recevoir des Comédies, dont le ton ne conviendrait plus aux Spectateurs du Palais-Royal, retrancher peu-à-peu les anciennes, dont le plus grand défaut souvent est d'être d'un genre bas & trivial : peines perdues ! le cruel n'y prend pas garde, il va toujours son train ; c'est un parti pris : il a juré notre perte. Notre procès est toujours fait d'avance, & ce n'est plus qu'en tremblant que j'ose ouvrir le Mercure, chaque fois qu'il paraît, tant je redoute d'y trouver l'arrêt irrévocable de notre proscription. Sans doute tout Paris ne lit pas ses articles savants, & pleins d'éloquence. Notre Salle serait déserte à coup sûr, où si l'on venait nous voir encore, l'on n'oserait plus s'égayer à nos représentations, sans redouter la verte semonce de cet impitoyable Aristarque.

J'espère que l'on me pardonnera cette légere récrimination. Quand on est calomniés sans relâche, au moins faut-il se justifier une fois en la vie. Ami de la Paix, je n'en veux point à M. le Rédacteur. Son zèle pour la bonne cause l'a sans doute entraîné trop loin. Il nous voit avec des yeux prévenus. Et voilà certainement la raiſon de ſon injuſte ſévérité. Je m'obſerverai de plus en plus dans les ouvrages que j'oſerai riſquer encore, pour le forcer, non à rendre juſtice à mes talens : je m'en crois très-peu ; mais pour qu'il apperçoive au moins la pureté de mes intentions. Quelques jeunes gens qui ne manquent pas d'eſprit, & qui comme moi bornent leur gloriolle à amuſer par des ouvrages ſans conſéquence, les Spectateurs bénévoles qui nous encouragent, m'ont promis de me ſeconder dans cette louable entrepriſe. Si malgré nos efforts, les attaques recommencent. Quel parti prendre ? celui de nous mettre ſous la protection du Public, qui paraît aimer notre Spectacle. Nous ne nous croirons point tout-à-fait malheureux, tant qu'il abondera à nos Repréſentations, que nous aurons l'avantage de l'intéreſſer quelquefois, & ſur-tout de le faire ſouvent rire, ce qui peut être compté pour quelque choſe. Quoi qu'en puiſſe écrire, ſans le penſer ſans doute, Monſieur le Rédacteur.

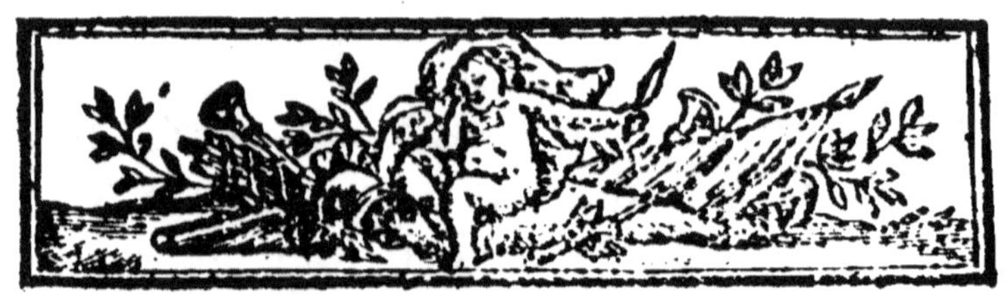

URBÉLISE
ET
LANVAL,
COMÉDIE-FÉERIE.

ACTE PREMIER,
SCENE PREMIERE.

Le Théatre représente une Forêt.

FLORINE, URBELISE.

FLORINE.

MADAME, je vous suis dans cette forêt, depuis un quart d'heure, sans que vous daigniez me dire un seul mot du dessein, qui, dès le lever de l'aurore, vous fait renoncer aux douceurs du repos. Daignez me répondre, puissante Urbélise:

je ſuis curieuſe, vous le ſavez; vous n'avez jamais eu avec moi cette réſerve qui m'inquiete. Vous ne voulez pas l'avoir, ſans doute, puiſque vous échappant à l'éclat qui vous environne, vous m'avez ordonné de vous ſuivre dans ce lieu déſert.

URBELISE.

Florine, vois-tu au bout de cette vaſte plaine ce Chevalier, qui, tout penſif, ſe laiſſe guider par ſon courſier, qui ſuit lentement le ſentier qui mene vers ce ſéjour?

FLORINE.

Les yeux d'une Fée valent mieux que ceux d'une ſimple mortelle; cependant je diſtingue, je crois, deux perſonnes à cheval, mais bien éloignées encore. Les rayons naiſſants du ſoleil ſont réfléchis par l'armure brillante du premier; mais l'habit de l'autre m'offre l'aſſemblage confus de cent couleurs différentes.

URBELISE.

Ce Chevalier, c'eſt Lanval, ce guerrier ſi célebre par ſes victoires. Il quitte Graduel, Ville fameuſe de la Bretagne, dont ſes ennemis l'ont fait bannir; il va ſous un ciel nouveau chercher des aventures & la gloire. Il joint à la valeur la grace qui l'embellit encore. Son cœur eſt fier, mais généreux, & fait pour l'amour. Ses rivaux le voient partir avec joie; mais plus d'une belle va ſoupirer de ſon abſence. Il les quitte ſans regret, pour trouver celle qui regne déja ſur toutes ſes penſées.

FLORINE.

Vous prenez intérêt à ce Chevalier!

URBELISE.

Je ne veux plus avoir de ſecret pour toi. Te ſouviens-tu, Florine, de ce dernier Tournois où l'on vit l'élite des plus fameux Chevaliers de la France & de l'Angleterre.

FLORINE.

Oui, Madame.

URBELISE.

Te rappelles-tu ce jeune Guerrier aux armes d'or & d'azur, qui remporta tous les prix, qui ne ceſſa de vaincre que lorſqu'il ceſſa de ſe préſenter de nouveaux adverſaires.

FLORINE.

Oui, Madame.

URBELISE.

Modeſte au ſein de la gloire, il n'en parut que plus aimable. Hélas! Florine, ſoit l'effet du courage de Lanval, ſoit que le moment d'aimer fût venu pour moi, je ne pus être témoin de ſes hauts faits ſans m'y trouver ſenſible. Je treſſaillais de joie toutes les fois que les cris du Peuple & les clairons annonçaient ſon nouveau triomphe.

FLORINE.

Je m'en ſouviens, Madame.

URBELISE.

Inconnue dans la foule, je fus vingt fois tentée de me montrer environnée de tout l'éclat de mon rang, pour fixer ses regards; mais aucune belle ne semblait attirer les siens, & comme je me crus sans rivale, j'échappai peut-être à l'affront d'avoir fait un vain étalage de toute ma puissance.

FLORINE.

Ah! ma belle Maîtresse, il suffit de vos attraits pour charmer, & si Lanval eût pu percer le voile qui vous dérobait à tous les yeux, vous l'eussiez vu bientôt perdre son indifférence, & porter à vos pieds, & ses lauriers, & son hommage.

URBELISE.

Ce qui fait en cet instant ma joie & mon espoir, c'est de penser que mon Chevalier, en m'aimant, ignore également, & ma puissance, & la fortune dont je puis le combler.

FLORINE.

Il vous connaît donc?

URBÉLISE.

Il me connaît sans me connaître.

FLORINE.

Voilà quelque tour de féerie.

URBÉLISE.

Ecoute-moi. Il rentrait chez lui accablé de sa gloire, qui ne lui donnait que l'ombre du bonheur. Livré à une douce mélancolie, son cœur ignorait encore, mais desirait l'amour. Ses yeux irrésolus cherchaient à se fixer sur quelqu'objet, lorsque je fis tomber à ses pieds une miniature, où tous mes traits étaient retracés avec la plus grande vérité.

FLORINE.

Que ce portrait devait être joli !

URBELISE.

Je ne sçais, Florine ; mais au moins parut-il tel aux yeux de Lanval. On lisait ces mots autour du portrait :

Un jour tu la verras, sache la mériter.

Dès ce moment je vis mon cher Chevalier fixer cette image avec un intérêt qui prêtait un nouveau charme à toute sa figure. Qu'il me parut intéressant ! Ah ! s'écriait-il, ne me trompe point, fixion séduisante. Amour, fais que le modèle d'un si beau portrait existe quelque part ; je consacre mes jours à sa recherche, & mes soins à mériter son estime, si jamais j'ai le bonheur de la rencontrer.

FLORINE.

Et vous résistâtes au plaisir de vous montrer ?

URBELISE.

Ma destinée exige que je mette mon Amant aux épreuves les plus cruelles. Il fut dit au jour de ma naissance, que si je cédais jamais à l'amour, j'étais menacée de perdre mes attraits, mon pouvoir, tout enfin, si celui qui m'aurait touchée, n'avait une fidélité que rien ne pût jamais altérer. Une seule indiscrétion, un mot hasardé doit me livrer aux malheurs les plus grands : juge, Florine, s'il est possible que je prenne trop de précautions.

FLORINE.

On a bien raison de dire, que le Ciel ne nous donne jamais un bonheur sans mélange. Faut-il que l'on trouve toujours la crainte à côté de l'espoir! Un Amant d'une fidélité que rien ne puisse jamais altérer, d'une discrétion au-dessus de l'humain! gardez votre indifférence, mon aimable Maîtresse, & ne faites pas dépendre votre félicité de la reche d'un être imaginaire.

URBELISE.

Je le voudrais, & ne le puis. Il faut céder à sa destinée : la mienne est d'aimer Lanval; mais instruite des dangers que je cours, je puis au moins les éviter, en ne donnant ma main qu'à celui qui s'en sera rendu digne.

FLORINE.

Ah! Madame, Lanval vous aime, il promettra tout : après l'himen il oublira peut-être ses sermens. Tenez, l'Amant & l'Epoux sont deux personnes bien différentes, & ce dernier ne se croit jamais obligé de tenir la parole de l'autre.

URBELISE.

N'importe, je veux tenter mon sort; le Génie qui me protége, & pour qui l'avenir n'a rien de caché, m'a donné le sage conseil de me hâter. Il est encore, parmi les Chevaliers, des cœurs qui respectent toute leur vie les serments de l'amour; mais si je laisse écouler deux siecles seulement sans me déterminer, que j'attende au dix-huitieme, par

par exemple, alors cet esprit de Chevalerie ne sera plus de mode ; on ne rendra plus à la beauté ce culte sacré qui fait adorer jusques aux rigueurs d'une inhumaine. La fidélité, la constance seront des mots où l'on n'attachera plus aucune idée.

FLORINE.

Quoi, Madame, il viendra un tems où les favoris de Mars pourront être volages, eux qui de nos jours si fiers dans les dangers, sont si soumis, si réservés auprès des belles ?

URBELISE.

Hélas! ces valeureux Guerriers se feront une gloire nouvelle ; ils ne languiront plus dans les tourmens de l'attente ; ils ne subjugueront souvent une cruelle, que pour le plaisir de l'abandonner.

FLORINE.

Et les Femmes seront-elles aussi légères ?

URBELISE.

On ne me l'a pas appris. Mais elles se garderont bien sans doute d'imiter ce dangereux exemple.

FLORINE.

Ma foi, si je vivais dans ce tems-là, je ne serais pas la dupe des Hommes, & je punirais un infidèle par une bonne infidélité. C'est que je soupçonne que rien n'est si doux que cette vengeance. Votre Chevalier, si je ne me trompe, se repose sous un arbre non loin d'ici. Quel est ce personnage grotesque qui l'accompagne ?

URBELISE.

C'est Arlequin.

FLORINE.

Arlequin? J'en ai entendu parler : c'est un drôle de corps. Ecoutez, ma chère Maîtresse, remettez-moi, pour la journée seulement, une partie de votre pouvoir, pour que je puisse un peu me divertir aux dépens de l'Ecuyer Arlequin.

URBELISE.

J'y consens, à condition que tu n'abuseras pas de ton pouvoir pour faire du mal.

FLORINE.

Je suis espiegle & ne suis pas méchante.

URBELISE.

Il est tems d'employer les secrets de mon art.

FLORINE.

Vous allez faire quelque conjuration?

URBELISE.

Oh! des plus fortes. Je vais évoquer les esprits infernaux.

FLORINE.

Les esprits infernaux?

URBELISE.

Oui, les Furies. Retire-toi, si tu crains leur aspect.

FLORINE.

Elles vous obéissent?

URBELISE.

Sans doute.

FLORINE.

En ce cas, je reste. Je veux voir quelle mine ont ces Furies dont j'ai tant entendu parler. Et qu'allez-vous exiger d'elles?

URBELISE.

Tu vas l'entendre.

FLORINE.

Un moment.... Les Furies!... Je suis toute je ne sais comment. Pourtant, si je veux les voir?... Allons, conjurez.

URBELISE, *après avoir décrit des cercles en l'air avec sa baguette.*

Noires Divinités, Filles des Enfers, qui présidez aux ténébreux complots, qui vous faites un jeu du crime & du malheur, qui semez la discorde & la [illegible]ine, accourez, paraissez à ma voix!

SCENE II.

URBELISE, FLORINE,
LES TROIS FURIES.

(*Une ritournelle annonce l'arrivée des Furies. Le Théatre change en même tems, & représente un obscur Souterrein.*)

FLORINE.

Ah! que ces Demoiselles sont laides! Les trois vilaines figures!

URBELISE.

Courez à Graduel, secouez vos flambeaux sur le palais de l'auguste & jeune Clorinde; versez dans son cœur tous les tourmens de la jalousie. Qu'elle oublie le Comte de Clarence, dont l'himen est prêt à se célébrer. Qu'elle adore Lanval, & que pour l'obtenir, elle porte sa fureur aux derniers excès.

(Les Furies dansent un pas très court.)

Excitez le farouche Alfard à fondre sur Graduel, à renverser le trône de Clorinde. Troublez les élémens; que de sombres nuages remplacent l'azur des cieux; que le tonnerre gronde au loin, & force Lanval à chercher un asile dans cet obscur souterrein; mais gardez vous de l'épouvanter par votre aspect horrible, & rentrez à son approche dans le gouffre affreux du Tartare.

SCENE III.

(Les Furies exécutent une danse de caractère sur une musique analogue. Le tonnerre gronde avec fracas; de nombreux éclairs brillent par intervalle. Elles disparaissent à l'approche de Lanval & d'Arlequin, qui entrent sur la fin du pas. Six Démons sont entrés à la sortie de la Fée.)

SCENE IV.

LANVAL, ARLEQUIN.

ARLEQUIN.

SANGUEDIMI, voici un orage bien traître : venir tout d'un coup assourdir, inonder le monde, sans dire garre.

LANVAL.

Ce souterrein nous offre un asile pour quelques instans.

ARLEQUIN.

Notre voyage ne commence pas mal. Quand on est Chevalier errant, a-t-on souvent des aventures aussi gracieuses que celles-là ?

LANVAL.

De quoi te plains-tu, d'un événement ordinaire ?

ARLEQUIN.

Nous partons hier chassés de Graduel.

LANVAL.

Chassés !

ARLEQUIN.

Priés de nous en aller ; j'ai tort. J'avais le cœur si gros de quitter ma pauvre Nisie, que j'oublie de dîner. Nous partons ; c'est bien : la nuit arrive, je me souviens alors que c'est l'heure de se mettre à table ; mais pas de souper. Nous couchons gaiment sur l'herbe.

La faim me réveille dès le poton minet : nous nous remettons en route à jeun ; & pour dernier malheur, nous sommes accueillis d'un orage épouvantable, qui nous empêche de gagner quelqu'endroit où l'on mange.

LANVAL.

Cet orage cessera, nous poursuivrons notre route.

ARLEQUIN.

Permettez-moi une question que je n'ai pas encore osé vous faire ; êtes-vous bien en finance ? car quand on ne sait où l'on va, la route peut être longue.

LANVAL.

Les hasards n'abandonnent jamais un brave Chevalier.

ARLEQUIN.

C'est-à-dire, que vous n'avez pas un double.

LANVAL.

J'ai mon amour, ma constance & mon courage.

ARLEQUIN.

Avec tout cela vous ne payerez pas une couchée.

LANVAL.

Te repends-tu de m'avoir suivi ?

ARLEQUIN.

Oh ! non ; plus vous êtes malheureux ; plus je vous aime ; & pourvu que je dîne quelque fois, & que je ne me batte jamais, je vous suivrai au bout de la terre.

LANVAL.

Nous irons demander l'hospitalité au premier Chevalier que nous rencontrerons, il ne nous refusera pas.

ARLEQUIN.

J'ai entendu dire qu'il y avait de par le monde de bonnes Fées, qui protégeaient les pauvres Chevaliers errans.

LANVAL.

Que sais-tu si cette grote que nous n'avions pas d'abord apperçue, n'est pas l'ouvrage de quelque main bienfaisante?

ARLEQUIN.

Souvent ces Dames se déguisent en vieilles pour éprouver les passans : aussi moi je salue toutes les vieilles que je rencontre.

LANVAL.

La vieillesse est toujours respectable, & tout Chevalier porte écrit dans son cœur : servage fidèle à la beauté, bienfaisance aux malheureux, secours aux faibles, accueil & protection aux vieillards.

ARLEQUIN.

J'ai idée que c'est cette petite ratatinée sans dents à qui vous avez fait présent de votre dernier écu d'or, qui nous abrite dans ce moment. Puisqu'elle nous donne un logement, elle nous donnera sans doute à déjeûner. Il faut attendre. Elle avait l'air toute bonne; & malgré ses rides & sa petite taille, on voyait que c'était une grande &

belle personne déguisée. (*A part.*) Elle va m'envoyer à déjeûner.

LANVAL.

Ne désespère pas; d'un moment à l'autre, notre sort peut changer.

ARLEQUIN.

A ça, Monsieur, encore une question en attendant le déjeûner, qui ne vient pas souvent. Dites-moi à quel terme bornerons-nous notre course?

LANVAL.

Lorsque j'aurai rencontré celle qui règne sur mon cœur.

ARLEQUIN.

L'original du portrait dont vous avez fait faire copie sur votre écu?

LANVAL.

Sans doute.

ARLEQUIN.

Et si elle est aux Antipodes?

LANVAL.

Qu'importe. Oui, divine Inconnue, je jure de ne prendre aucun repos que je n'aie contemplé vos charmes. Achevez par votre présence l'ouvrage qu'a déja commencé l'image de vos traits. Ah! s'il est possible que mes vœux parviennent jusqu'à vous, daignez vous ressouvenir de la promesse de ce portrait enchanteur. *Un jour tu la verras.* Ne trahissez pas l'espoir qui m'anime, & l'heureux Lanval saura vous prouver qu'il mérite peut-être une telle faveur.

(*Le Théâtre change, & représente un Palais galant.*)

ARLEQUIN.

Sanguedimi, que ce palais est galant!

LANVAL.

Hé bien, Arlequin?

ARLEQUIN.

Hé bien, Monsieur, je commence à prendre goût aux aventures. Mais, Monsieur, on s'occupe toujours de notre logement, & l'on oublie toujours que je meurs de faim.

(*La Fée s'avance un instant après.*)

SCENE V.

FLORINE, URBELISE, LANVAL, ARLEQUIN, *Suite de la Fée.*

LANVAL.

QUE vois-je? quel prodige! C'est elle.

ARLEQUIN.

Vivat! notre voyage est fini. Voici l'original du portrait.

LANVAL.

Je doute si je veille. Ah! si c'est une illusion, Dieux puissants, faites qu'elle ne cesse qu'avec ma vie!

URBELISE *s'avançant.*

Chevalier, d'où naît votre étonnement à mon approche? Rassurez-vous, je suis

Urbélise; j'aimai toujours le courage : l'injustice poursuit vos jours ; je viens les protéger.

LANVAL.

Madame, qu'a fait l'heureux Lanval, pour que vous daigniez vous intéresser à son sort? Qui a pu vous parler en ma faveur?

URBELISE.

Vos exploits. La vertu malheureuse a des droits sacrés sur tous les cœurs sensibles. Desirez, & je vais combler tous vos vœux.

LANVAL.

Je ne desire plus rien : je vous vois.

URBELISE.

Vous êtes galant Chevalier.

ARLEQUIN.

C'est qu'il est amoureux de vous comme tous les diables.

LANVAL.

Arlequin!

ARLEQUIN.

Puisque Madame sait tout, elle sait bien aussi cela.

URBELISE.

Chevalier, vous rougissez! En a-t-il trop dit?

LANVAL.

Puissante Fée! si votre art vous fait connaître ce qui se passe dans les cœurs, les sentimens qui animent le mien ne peuvent vous offenser. Je n'ai pu me défendre de l'impression qu'a faite sur moi l'image de vos charmes. Aviez-vous besoin pour m'enchaîner à jamais d'y joindre la bonté, les graces & l'esprit. Ce n'est plus l'amour seul, c'est la reconnaissance qui va vous rendre jusqu'au dernier moment de ma vie la souveraine de toutes mes pensées. Ah ! si j'osais écouter un espoir présomptueux, je croirais peut-être que le hasard seul n'a pas présidé à cette aventure. Ce n'est pas pour faire le malheur de Lanval que vous lui avez fait perdre son indifférence. Il était résolu de porter ses pas au bout de l'univers, pour jouir un instant de votre présence, pour mettre à vos pieds son cœur & sa vie. Vous comblez ses vœux lorsqu'il n'a rien fait encore pour le mériter. Daignez agréer son hommage. Ordonnez, il n'est point de périls qu'il ne tente, d'obstacles qu'il ne surmonte pour oser se dire votre Chevalier.

URBELISE.

Je ne le cache point, Lanval, cette aventure n'est point l'ouvrage du hasard; je l'ai fait naître. L'aveu que vous venez de me faire, flatte bien moins mon orgueil que mon cœur. Je sais que des beautés célèbres ont brigué l'honneur de vous mettre dans leurs fers. Votre conquête eut d'abord pu contenter mon amour propre; mais je sentis bientôt qu'un sentiment plus tendre m'intéressait à votre destinée. Mais, Chevalier, l'exemple de mille Amantes abandonnées, trahies, me fait frémir. Quelque grande que vous paraisse ma puissance, telle est la bisarrerie de mon sort, qu'un instant peut la faire évanouir, si mon Amant est infidèle; que dis-je, infidèle? si la moindre indiscrétion..

LANVAL, *l'interrompant avec chaleur.*

Ah! Madame, celui qui vous aime une fois, peut-il jamais changer? Vos attraits sont un garant certain de sa constance.

URBELISE.

Je vous crois sincère en cet instant. J'aime à me persuader qu'en digne Chevalier vous courriez plutôt à une mort certaine, que d'offenser, même involontairement, l'objet de votre amour.

LANVAL.

Je n'en doute plus, Urbélise; vous savez lire dans les cœurs; puisque le mien est ouvert à vos regards, jugez-le; est-il digne du vôtre?

URBELISE.

Ma défiance peut vous blesser; mais je me vois contrainte à attendre du tems les preuves de l'attachement que vous me jurez. Il m'en coûte de vous tenir ce langage; pardonnez-le à la crainte des maux qui me menacent. J'exige plus qu'on exigea jamais. Ce n'est point assez d'être aimé; il faut que vous renfermiez dans votre sein le secret de nos amours. Que mon nom vivant dans votre cœur, meure, pour ainsi, dire dans votre mémoire. S'il vous échappait une seule fois... Ah! Lanval, j'en frémis, nous serions peut-être séparés pour jamais! Je sais que vous serez mis aux épreuves les plus cruelles; j'en ignore l'issue. Toute ma félicité va dépendre de vous. J'abandonne mon sort à votre courage, à votre fidélité; ne trompez point l'espoir d'Urbélise. Ah! je le sens, si vous me trahïssiez jamais, de toutes les pertes que je puis faire, celle de votre cœur serait pour moi la plus sensible.

LANVAL.

Urbélise! je pourrais vous trahir? moi! Ah! si le ciel fait dépendre votre bonheur de ma constance, de ma discrétion, ne redoutez jamais les caprices du sort. Je ne desire à présent que les occasions de signaler mon zèle & ma fidélité. Que n'oserai-je pas entreprendre, guidé par mon amour! Je puis succomber dans les épreuves; mais j'emporterai du moins au tombeau la gloire d'avoir gardé mes sermens, & celle d'y être honoré des regrets d'Urbélise.

ARLEQUIN.

Je me rends la caution de mon Maître; c'est la perle des Chevaliers. Mais, Madame, si, sans vous offenser, j'osais vous dire que nous sommes à jeun depuis je ne sais combien de tems. Parler amour, c'est bien beau; mais un bon repas, c'est bien bon quand on a faim; & puis on peut fort bien continuer la conversation à table.

URBELISE.

O vous, jeunes Beautés, qui faites l'ornement de ma Cour, célébrez l'arrivée de Lanval par des jeux, des danses & des festins!

ARLEQUIN.

Oui, des festins sur-tout. Que ce dernier mot est bien dit! Soyez tranquille, Madame, je ferai honneur au festin.

(Lanval & Urbélise vont à une table dressée au fond du Théatre. Arlequin rode tout au tour de la table, & se saisit tantôt d'une chose, tantôt de l'autre. On danse sur le devant de la Scène. Au milieu du Ballet, Arlequin s'avance parmi les Danseurs; une Danseuse lui présente la main, & il danse un Ménuet. Le Ballet continue. Ce Ballet doit être d'un demi quart d'heure environ.)

LANVAL, *après le Ballet, s'avançant avec Urbélise.*

Quoi, Urbélise, quel ordre cruel! Vous exigez que je vous quitte, lorsqu'à peine j'ai goûté le bonheur de vous voir?

URBELISE.

La gloire vous appelle à la défense de la Reine. Le cruel Alfard, guidé par sa jalousie, vient l'attaquer lorsqu'elle est presque sans défense. Volez au secours du Comte de Clarence, votre ami, qui, sans vous, avec le trône où il est prêt de s'asseoir, perdrait peut-être aussi le jour. Je connais l'injustice de votre Reine envers vous ; mais quelque ingrat que puisse être un Monarque, le Sujet qui l'abandonne quand son bras lui devient nécessaire, est mille fois plus coupable.

LANVAL.

Dicté par vous, que mon devoir devient cher à mon cœur !

URBELISE.

Allez, Lanval, & revenez triomphant. Que vos ennemis rougissent de leurs honteux complots ! que le plus brave des Chevaliers devienne aussi le plus célébre & le plus aimé, & forcez l'envie même à célébrer votre vaillance & votre générosité ; mais au sein de la victoire, n'allez pas oublier les serments de l'amour.

LANVAL.

Urbélise, que ce doute pèse à mon cœur.

URBELISE.

La crainte est toujours compagne d'une ardeur véritable.

LANVAL.

Ma conduite saura la dissiper.

URBELISE.

Et sans cet espoir pourrai-je consentir à votre éloignement ?

LANVAL.

Que votre absence va m'être cruelle !

URBELISE.

Eloigné de moi, mon image peinte sur votre bouclier, me rendra toujours présente à vos regards. Si vous trompiez mes vœux, cette image à l'instant suivrait les changements que j'éprouverais moi-même, & vous les retracerait au moindre desir que vous témoigneriez d'être instruit de mon sort. Il dépend de vous que ce portrait reste toujours dans le même état.

LANVAL.

Je jure.

URBELISE.

Laissez ces vains serments, ils ne conviennent qu'aux amants vulgaires. Partez, votre cortége vous attend. Les vaillants guerriers que je vous confie, seront fidèles à suivre vos étendarts, tant que vous serez fidèle vous-même. Adieu, Lanval, adieu; n'oubliez point qu'Urbélise a remis en vos mains son bonheur & sa vie.

LANVAL.

Moi! l'oublier? ah! je brûle d'être au moment des épreuves, de me signaler aux champs de l'honneur. J'ai combattu jusqu'à présent pour la gloire, je vais vaincre pour l'amour,

(*Les Danseurs sortent avec la Fée.*)

SCENE VI.

SCENE VI.

ARLEQUIN, FLORINE.

ARLEQUIN.

A Peine arrivé, il faut partir. Je m'accoutumais ici : adieu beau séjour où l'on mange si bien, & tant qu'on veut...

FLORINE; *elle a à la main la baguette de la Fée.*

Un mot, seigneur Arlequin : (*à part*) Amusons-nous du personnage.

ARLEQUIN.

Il faut que je suive mon Maître.

FLORINE.

Vous avez le tems. Le cortége n'est pas prêt, il faut se dire adieu encore une fois, & puis vous savez les chemins.

ARLEQUIN.

C'est égal; j'aime à voyager en compagnie, la route me parait moins longue.

FLORINE.

Arrêtez-donc; j'ai à vous parler de nos affaires.

ARLEQUIN.

De nos affaires ? est-ce que nous avons des affaires ensemble ?

FLORINE.

Votre Maître aime la puissante Urbélise, & il en est aimé.

ARLEQUIN.

J'en ſuis bien aiſe.

FLORINE.

Vous êtes l'Ecuyer de Lanval ?

ARLEQUIN.

Je ſuis ſon *factotum*. Je fais également ſa cuiſine, & celle de ſon cheval.

FLORINE.

Savez-vous que lorſqu'un Chevalier aime une belle, l'Ecuyer doit aimer la Demoiſelle ſuivante de la Dame ?

ARLEQUIN.

On ne ma pas dit cela.

FLORINE.

Je vous l'apprends. Comme je ſais les uſages, je vous permets de me faire votre déclaration.

ARLEQUIN.

Déclaration ? de quoi ?

FLORINE.

De quoi ? d'amour peut-être.

ARLEQUIN.

D'amour !

FLORINE.

Hé oui, d'amour.

ARLEQUIN.

Mademoiſelle, je ſuis très-fâché... vous êtes bien aimable ; mais j'ai juré de ne pas vous aimer.

FLORINE.

Vous avez juré de ne pas m'aimer ? insolent !

ARLEQUIN.

Il ne faut pas vous mettre en colere, Mademoiselle, je suis marié avec Nisie, & vous sentez bien que vous avez tort d'être venue la seconde. Je n'ai pas deux cœurs, & ma pauvre petite femme a reçu le mien avec le serment d'être toujours fidèle.

FLORINE.

Cela m'est égal.

ARLEQUIN.

Arrangez-vous, je vous ai dit mes raisons.

FLORINE.

Je veux que vous m'aimiez, entendez-vous ?

ARLEQUIN.

Vous voulez, est-ce que cela se commande ?

FLORINE.

Faites vos réflexions.

ARLEQUIN.

Adieu.

FLORINE.

Où allez-vous ?

ARLEQUIN

Je vais réfléchir, & à mon retour je vous dirai que cela ne se peut pas.

FLORINE.

Cela ne se peut pas ! Vous me mettez au désespoir.

ARLEQUIN.

M'aimer comme cela à la premiere vue. Vous êtes, Mademoiselle, d'une nature bien combustible.

FLORINE.

Voulez-vous m'aimer ?

ARLEQUIN.

Voilà une drôle de maniere de demander cela !

FLORINE.

Voulez-vous m'aimer ?

ARLEQUIN.

Hé bien ! non.

FLORINE.

As-tu la cruauté de prononcer ce non, traître, ingrat, déloyal ?

ARLEQUIN.

Je n'aime pas les gens qui me disent des sottises. Au revoir.

FLORINE.

Ne crois pas m'échapper, barbare vainqueur. Puisque je ne puis toucher ton ame, tu vas éprouver l'effet de ma vengeance.

(Elle touche Arlequin de la baguette, un tronc d'arbre grillé par le devant, sort de dessous terre, & enferme Arlequin. Le Théâtre change en même-tems, & représente la Forêt.)

ARLEQUIN.

Ah ! mon Dieu ! mon Dieu ! Mademoiselle, ayez pitié de moi.

FLORINE,

As-tu eu pitié de mes tourmens? adieu.

ARLEQUIN.

Mademoiselle, écoutez-moi.

FLORINE.

Tu resteras-là, jusqu'a ce que quelque Tigre ou quelque Lion, viennent avec leurs griffes, t'en arracher par lambeaux.

ARLEQUIN.

Revenez, Mademoiselle, je ferai tout ce que je pourrai pour vous aimer.

FLORINE.

C'est la crainte qui t'arrache cette promesse.

ARLEQUIN.

Je ferai comme si je vous aimais.

FLORINE.

Je ne veux plus de ton cœur. Je n'aspire qu'à me venger de ma rivale, de cette Nisie que ton cœur me préfere. Adieu.

ARLEQUIN.

Mademoiselle, ouvrez-moi la cage.

FLORINE.

Tu veux donc en sortir ?

ARLEQUIN.

Si je le veux?

FLORINE.

Hé-bien ! il faut que ce soit toi qui fasse éprouver à Nisie, l'effet de mon courroux.

ARLEQUIN.

Moi ?

FLORINE.

Il faut que la premiere fois que tu verras Nisie, tu lui donnes six grands coups de ta batte, sans lui en dire la raison.

ARLEQUIN.

Jamais je n'aurai ce courage.

FLORINE.

Adieu donc.

ARLEQUIN.

Mademoiselle !

FLORINE.

Décide-toi. Voici l'heure où les bêtes féroces vont venir dans cette Forêt, & elles seront bien aises d'avoir un Arlequin pour leur dîner.

ARLEQUIN.

Hé-bien ! ouvrez-moi la cage.

FLORINE.

Songe à ce que j'exige.

ARLEQUIN.

Je ne l'ai pas oublié.

FLORINE.

Engage-toi par serment.

ARLEQUIN.

Je jure.... quoi ?

FLORINE.

De donner.

ARLEQUIN.

De donner.

FLORINE.

Six coups de ma batte.

ARLEQUIN.

Six coups de ma batte !

FLORINE.

A ma femme.

ARLEQUIN.

Ah ! mon Dieu ! mon Dieu !

FLORINE.

J'apperçois déjà un tigre.

ARLEQUIN.

A ma femme.

FLORINE.

La premiere fois que je la verrai.

ARLEQUIN.

La premiere fois que je la verrai.

FLORINE.

Songe que si tu t'avises de l'oublier, je saurai t'en punir.

ARLEQUIN.

Ouvrez-moi donc la cage.

FLORINE.

Que je te tordrai le coup.

ARLEQUIN.

Ouvrez-moi donc la cage.

FLORINE.

Et à ta femme aussi. Prends garde à être fidèle à ton serment.

ARLEQUIN.

Hé ! oui, ouvrez-moi donc la cage.

FLORINE *touche le tronc qui s'enfonce en terre.*

Tu peux partir, je t'ai donné pour rire un échantillon de mon pouvoir, & tremble de me faire prendre de l'humeur. Adieu, M. Arlequin, au revoir.

SCENE VII.

ARLEQUIN.

LE diable vous emporte avec vos façons de plaisanter. On a bien raison de dire qu'il n'y a jamais rien à gagner avec toutes ces sorcieres-là.

Fin du premier Acte.

ACTE II.

(Le Théâtre représente le Palais de Clorinde. La Scène est à Graduel.)

SCENE PREMIERE.

NISIE, CLORINDE.

NISIE.

AH ! Madame, de quels maux sommes-nous menacés. Ce cruel Alfard vient fondre sur vos Etats. Graduel est assiégé. Les citoyens tremblans craignent que la ville ne soit emportée d'assaut Et dans quel moment votre ennemi vient il vous attaquer ? lorsque prête d'être unie à votre amant, tout s'empressait à l'envi de célébrer votre bonheur. Les chants de l'alégresse publique se changent en des cris de douleur. Il n'y a qu'un instant que nous étions au comble de la félicité, & maintenant les horreurs de la guerre, le désespoir, la mort nous environnent.

CLORINDE.

Ah ! ma chere Nisie, ce malheur imprévu qui fait gémir tous mes sujets qui me sont si chers, est presque un soulagement à la douleur qui me déchire & me tue. Il sufpend un hymen qui, en me liant d'une chaîne indiſſoluble, allait me condamner à des pleurs éternels.

NISIE.

Qu'ai-je entendu ? le Comte de Clarence a-t-il ceſſé de vous plaire ? comment s'eſt-il attiré ſon malheur ? n'eſt-il pas le plus empreſſé & le plus tendre des amans ?

CLORINDE.

Je n'ai rien à lui reprocher.

NISIE.

Hier au ſoir encore, vous me diſiez : Ma chere Niſie, le jour de demain ſera le plus beau de ma vie. Je fais la félicité du ſeul homme que je pouvais aimer. Je place Clarence ſur un trone où ſes vertus l'appellent. Quand je fais tout pour l'amour, quand je n'écoute que la voix de mon cœur ; je goûte la douceur de voir mon choix juſtifié & applaudi par les Grands & le Peuple. La voix de l'envie même ſe tait. Aucun murmure ne vient troubler la félicité dont je goûte les charmes.

CLORINDE.

Hélas ! Niſie, je m'étonne moi-même des mouvemens inconnus qui m'agitent. Un autre amour plus tyrannique, plus violent que le premier, s'eſt dans un inſtant emparé de mon ame, & la remplit toute entiere. Lanval, le ſeul Lanval eſt tout pour la malheureuſe Clorinde.

NISIE.

Dans quel étonnement vous me jettez. C'eſt la premiere fois que j'entends le nom de Lanval ; ſortir de votre bouche. Jamais vos regards ne l'avaient diſtingué. Le Comte de Clarence ſeul, occupait depuis un an toutes vos penſées. Au moment de l'épouſer, vous lui préférez un rival qui vous eſt preſque inconnu.

CLORINDE.

Plains-moi, ma chère Niſie, il me ſemble qu'un pouvoir ſurnaturel m'entraine malgré moi. Je ſens mon injuſtice envers le Comte. Je voudrais l'aimer encore, vains efforts l'on ne commande pas à ſon cœur. L'image de Lanval vient ſe peindre en traits de flamme à mon imagination troublée. Je ne vois plus que lui. Le ſeul Lanval peut faire mon bonheur ; mais, Niſie, dis-moi, crois-tu qu'il m'aime jamais. Plus rapprochée de lui par ton état, tu peux le connaitre mieux que moi. A [illegible] quelqu'amante qu'il pût me préférer ? Il en a ſans doute, il doit inſpirer le même amour à toutes celles qui auront le bonheur de le voir. Ah ! plût au ciel qu'il fût abandonné de la Nature entiere ! quel plaiſir j'aurais à réparer les injuſtices du ſort, à lui offrir mon empire & mon cœur ! eh ! quoique je faſſe pour lui, je n'en ferais jamais aſſez. Tu ne me réponds pas, ma chere Niſie. Le ſort de ta maitreſſe, ne peut-il au moins exciter en toi les ſentimens d'une tendre pitié ? parle, tu connais Lanval ?

NISIE.

Oui, Madame, j'ai plaint ſon infortune quand vous l'avez condamné ſans l'entendre. Je l'ai vu partir ſans ſe plaindre. J'ai gémi d'un malheur qui retombait ſur moi. Mon Epoux eſt ſon Ecuyer. Il m'a quittée pour le ſuivre. J'ai conſenti à une ſéparation cruelle ; mais Lanval était malheureux, ſans fortune : lorſque tout l'Univers l'abandonnait, n'était-ce pas à un ſerviteur fidèle à lui donner des preuves d'un zèle inviolable ?

CLORINDE.

Il en ſera récompenſé par le bonheur d'être toujours auprès de lui. Mais éclaircis mon deſtin : crois-tu que Lanval puiſſe devenir ſenſible pour moi ? N'ai-je point à craindre qu'une rivale... Tout mon cœur ſe trouble à cette penſée. Je ſens que je la haïrais, que je me vengerais. Quel ravage une flamme funeſte fait-elle dans mes ſens boulverſés ! je ne ſuis plus à moi, Niſie, je ſuis emportée par une paſſion fatale. Ah ! je le ſens, il n'eſt point d'extrémités où mon déſeſpoir ne puiſſe m'entraîner.

NISIE.

Que veux cet étranger qui s'avance vers nous ?

SCENE II.

NISIE, CLORINDE, UN HERAULT D'ARMES.

LE HERAULT.

MAdame, Alfard mon maître, dont vous avez dédaigné les vœux, vient venger l'outrage qu'il a reçu de vous. Le brave Comte de Clarence, malgré sa valeur, n'a pu lui opposer qu'une inutile résistance. Graduel va être réduit en cendres. Il dépend de vous de le sauver. Réparez vos torts en acceptant la main de mon maître. Il attend votre réponse aux pieds des murs. Il ne vous donne qu'un instant pour vous décider.

CLORINDE.

Dis à Alfard que l'ame de Clorinde est au-dessus des caprices du sort. Alfard peut me vaincre, me faire sa captive ; mais jamais son épouse. Je ne donnerai ma main qu'à celui qui régnera sur mon cœur, & je haïrait toujours l'insolent Alfard. Sors, va porter ma réponse à ton maître.

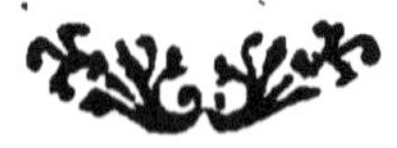

SCENE III.

NISIE, CLORINDE.

CLORINDE.

IL ose peut-être attendre de mon infortune & de ses menaces, une main que je refusai toujours à son respect & à ses soumissions. Lui, me plaire ! lui ! ce cruel ennemi de ma famille, lui qui ne respira jamais que pour ma ruine ! Ni ses armées suivies de la victoire, ni la crainte, ni la mort même, rien n'arrachera Lanval de mon cœur. Lui seul doit y régner toujours, & sans partage. Lui seul peut faire mon bonheur. Ah ! malheureuse. A quel égarement abandonnai-je mon ame ? je m'occupe de mon amour, quand tout mon peuple va peut-être devenir la victime des fureurs d'un barbare. Ah ! courons le défendre, courons finir du moins une vie empoisonnée par le malheur. Ma présence peut rendre le courage à mes soldats abattus. Ah ! si je sauve la vie au dernier citoyen, je bénirai l'instant de mon trépas.

SCÈNE IV.

(Le Theâtre représente les murs de Graduel. Une porte de Ville au milieu. Les coulisses de côté sont garnies d'arbres.)

ALFARD *à ses Soldats, après une Marche guerriere.*

SOldats, je mets pour un moment un frein à votre mâle courage. Je brûle plus que vous, de me baigner dans le sang de ces fiers Bretons Ils ont trop retardé l'instant de ma juste vengeance. Si l'orgueilleuse Clorinde ne vient à l'instant même réparer ses outrages : j'abandonne cette Cité à toutes vos fureurs Portez la flamme & le fer au sein de ces murs. Je vous guiderai moi-même au milieu des dangers, & je jure de punir comme un traître, celui qui dans ces momens d'horreur, tenterait d'implorer ma clémence pour des ennemis vaincus, ou qui céderait pour eux aux mouvemens d'une indigne pitié.

SCENE V.

ALFARD, CLORINDE, NISIE,
Soldats de Clorinde. Soldats d'Alfard.

ALFARD.

LA porte s'ouvre. Que vois-je, Clorinde ?

CLORINDE *est entrée après ses Soldats.*

Ton Ecuyer n'a pas osé venir te rendre ma réponse ; je te l'apporte moi-même. As-tu pu croire Alfard, que l'on craignît jamais un ennemi que l'on méprise. La nature put refuser la force à mon sexe, mais elle lui donna une ame aussi fière qu'au tien. Je viens avec ce peu de soldats qui me restent, mourir sous ces murs, ou punir ton arrogance. Il en coûte à mon cœur de voir nos sujets innocens, victime d'une injuste querelle. Je fais taire la haine que ton aspect m'inspire. Retourne en tes Etats. Je t'offre la paix. Mérite mon estime, s'il est possible, & ne nous force pas par l'excès du désespoir de devenir aussi cruels que toi.

ALFARD.

Vous m'osez braver, fière Clorinde, lorsque d'un seul geste je puis donner le signal des combats, & rendre au néant ce vain

vain peuple qui vous environne. Ce sont vos dédains qui m'ont rendu cruel. Mon cœur était né pour la vertu, sans doute: vous l'avez aigri pour jamais. Ne l'irritez point par d'outrageans refus, & craignez qu'à la fin mon amour indigné ne fasse place à la haine. Cédez, il est tems d'appaiser un courroux que je retiens avec peine ; mais ce moment passé, je ne réponds plus des excès où pourra se porter ma trop juste fureur.

CLORINDE.

Ce langage dévoile à mes yeux ton ame toute entière Ta féroce audace ne vient que de notre faiblesse apparente ; mais si le ciel protége l'innocence contre les attentats du crime, tremble inhumain de recevoir bientôt le juste salaire de tes atrocités Je lis dans tes regards ton avide impatience de te baigner dans notre sang. Viens, une femme armée par la justice de sa cause, ose te défier, & si sa force peut seconder sa fureur, l'Univers va être délivré d'un monstre dont l'existence est son opprobre.

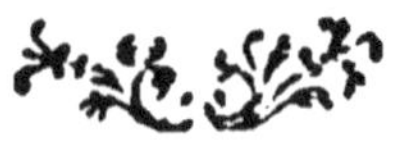

SCENE VI.

ALFARD, LE COMTE DE CLARENCE, NISIE, SOLDATS.

CLARENCE.

BArbare ! armé contre une femme ? si le soin de défendre la Ville, ne m'eût entraîné ailleurs ! Tu serais déja puni de ton insolence. C'est sur moi que doivent tomber tes coups. Madame, éloignez-vous, ce Spectacle n'est pas fait pour vos yeux. Remettez à mon bras le soin de votre vengeance.

ALFARD.

Viens, je t'attendais, superbe rival, que je brûle d'immoler. Laisse les discours, & si tu ne cueillis jusqu'à présent que des lauriers stériles, viens rendre ta fin glorieuse, en mourant de ma main.

(Ils se portent quelques coups de sabre, & sont séparés par les combattants qui se mêlent. Le parti d'Alfard l'emporte. Les Guerriers quittent le Théâtre en se battant.)

SCENE VII.

CLORINDE, NISIE, *sur le devant de la Scêne.*

CLORINDE.

O Dieux ! mes Soldats cédent la victoire au parti d'Alfard. Je mourrai ; mais je ne serai pas sa captive.

SCENE VIII.

HIRON, CLORINDE, NISIE, *avec quelques Soldats.*

HIRON.

MAdame, Alfard l'emporte ; mais j'ai rassemblés quelques Serviteurs fidèles qui viennent expirer à vos côtés, plutôt que de souffrir que cet arrogant vainqueur vous enchaîne à son char de triomphe.

SCENE IX.

ARLEQUIN, CLORINDE, NISIE, HIRON, SOLDATS.

ARLEQUIN *à Cheval.*

VOilà Lanval, voilà mon maître accompagné de braves Guerriers qui vont donner ſur les oreilles à ce maraud d'Alfard qui fait trop ſon fanfaron.

CLORINDE.

Lanval !

ARLEQUIN.

Oui, Madame, c'eſt lui-même.

NISIE.

Ecoute donc Arlequin.

ARLEQUIN.

Je me ſauve, je n'aime pas les querelles. Je reviendrai quand ça ſera fini, pour aſſiſter à l'enterrement d'Alfard.

NISIE.

Arlequin Arlequin !

ARLEQUIN.

Sauve qui peut. Je veux me conſerver pour chanter la victoire. Je m'enfuis, je ne ferais qu'embarraſſer les autres.

SCENE X.

CLORINDE, NISIE, HIRON, SOLDATS.

CLORINDE.

OUi, je jure de donner mon trône & ma main à celui qui vaincra ce farouche Alfard. Amour! c'eſt-toi qui ramène Lanval; fais qu'il triomphe, & que le plus beau de mes jours naiſſe du comble de mon infortune.

SCENE XI.

ALFARD, CLORINDE, NISIE, HIRON, SOLDATS.

ALFARD, *arrivant à la tête de ses Soldats.*

RENDEZ-VOUS fière, Clorinde. Le Comte est dans mes fers, vos Soldats sont défaits. Ne poussez pas à bout un vainqueur irrité.

CLORINDE.

Tremble à ton tour; le ciel m'envoie un vengeur.

ALFARD.

Le ciel tenterait en vain de vous défendre. Il ne vous reste d'appui que dans ma clémence. Quel téméraire, en s'armant pour vous, oserait s'avancer à la mort.

SCENE XII.

ALFARD, CLORINDE, NISIE, LANVAL, HIRON, SOLDATS.

LANVAL, *à la tête d'une troupe de Guerriers.*

QUEL téméraire? moi, Alfard. Je te défie en présence de tes Guerriers & des miens. Il ne tiendrait qu'à moi de t'arracher la victoire, de détruire l'armée qui suit tes drapeaux, en donnant à mes braves compagnons le signal des combats. Tes soldats sont innocens de ta faute, toi seul dois être puni de ton arrogance ; remettons à nos bras le soin de finir cette querelle ; épargnons le sang du citoyen ; & si Clorinde d'aigne m'accepter pour son Chevalier, j'ose espérer qu'on l'aura bravée pour la derniere fois.

(Il va se mettre aux genoux de la Reine.)

CLORINDE.

Le seul Lanval, en oubliant l'injure, pouvait se montrer capable de tant de générosité. Combattez Lanval, mon sort dépendra de l'issue d'un combat, dont j'ose espérer que vous sortirez vainqueur.

ALFARD.

Je retiens à peine ma colère. Il me tarde d'avoir abaissé l'insolence de cet audacieux. Soldats, que la sûreté du camp soit mutuellement accordée.

LANVAL.

Et quelque soit la fin de ce combat, souvenez-vous qu'il doit terminer une guerre injuste, que les soldats du vainqueur jurent de respecter le parti du vaincu.

ALFARD.

C'est trop de discours ; viens combattre, je t'attends.

MUSIQUE.

(*Les deux troupes se rangent en demi-cercle. Lanval & Alfard se battent à coups de sabre, au bruit d'une musique guerriere. Lanval désarme Alfard.*)

LANVAL.

Si je pouvais jamais te craindre, Alfard, je t'ôterais la vie. Perds cet orgueil farouche, retourne en tes états, fais le bonheur de tes peuples, apprends qu'on ne commande pas l'amour, & respecte à l'avenir un sexe à qui le ciel n'accorda la beauté que pour mériter nos hommages, & dont les bontés ne sont jamais que la récompense des vainqueurs généreux. Je n'exige, pour prix de ma victoire, que la liberté de ceux de nos guerriers que le sort des armes a mis dans tes fers. A ce prix je t'offre mon amitié.

ALFARD.

Je suis vaincu, Lanval, mais plus encore par ta magnanimité que par tes armes. Tu m'apprends quelle est la véritable grandeur. J'accepte ton amitié, & quelque jour je te prouverai peut-être que j'aurai su m'en rendre digne.

LANVAL.

Je goûte un plaisir plus pur, plus doux que celui que donne la victoire. Suis-moi, Alfard, je vais assurer ta retraite jusqu'aux barrières du camp. Ta personne m'est sacrée, & c'est à moi de veiller sur tes jours.

(Les Soldats des deux armées sortent par le côté du Roi.)

SCENE XIII.

CLORINDE, NISIE, *quatre Gardes au fond de la Scene.*

CLORINDE.

O ma chère Nisie, conçois-tu l'excès de ma joie. Tu viens d'être témoin des hauts faits de Lanval. Quel Chevalier jamais se montra plus digne de sa gloire. Je lui dois ma liberté, mon trône; je lui dois plus encore. Quand le ciel veut qu'il soit mon époux, je lui dois mon cœur, & quel plaisir pour la tendre Clorinde de pouvoir citer avec orgueil le nom de son Amant.

NISIE.

Et le Comte qui vous aime?

CLORINDE.

Le sort a brisé nos nœuds. S'il m'aimait, c'était à lui de vaincre Alfard. Il ne l'a pas fait; il ne mérite plus mon trône, ni mon cœur; mais rendons-lui plus de justice. Il est généreux, son ame est faite pour reconnaître l'ascendant des vertus de

Lanval. Il peut envier son bonheur; mais il ne peut qu'applaudir à mon choix.

NISIE.

Le cœur d'un amant ne connaît d'autres loix que celles de son amour; mais je suis loin de vous blâmer. J'estime Lanval, vous êtes devenue sa conquête, vos sermens vous nomment son épouse, & tout l'appelle au trône où vous allez le faire monter.

CLORINDE.

O ma chère Nisie, je suis au comble de la félicité... Mais Lanval ignore un serment qui m'enchaîne à lui pour jamais; ce bonheur, si grand pour moi, paraîtra-t-il le même à ses yeux? Je l'éprouve, le cœur d'une amante n'est jamais exempt de crainte. Si Lanval, épris d'un autre amour, allait dédaigner l'offre de ma main... Je ne puis y penser sans frémir. Il vient, sonde ses sentimens. Je ne puis soutenir sa présence dans le doute affreux qui m'agite. Interroge son cœur, ne me déguise rien à mon tour. Ah! je le sens, ce moment va décider du sort de la triste Clorinde.

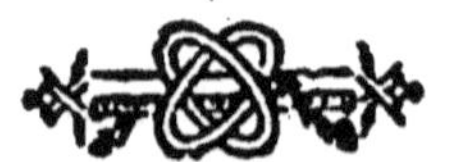

SCENE XIV.

NISIE.

La Reine me charge d'un message qui ne peut être reçu qu'avec transport. Un Chevalier galant ne refuse pas une épouse jeune & belle qu'il tient des mains de la victoire. Eh ! quelle épouse sur-tout, une Reine ! Ma foi, l'on a beau courir les aventures, pareille aubaine ne se rencontre pas deux fois en la vie.

SCENE XV.

NISIE, LANVAL.

LANVAL.

Qu'ai-je appris, Nisie ? La Reine a promis sa main au vainqueur d'Alfard ?

NISIE.

Oui, Seigneur.

LANVAL.

Cours la rassurer. Je n'abuserai point des droits de la victoire. Qu'elle épouse le Comte de Clarence. Je ne veux pas que le plus beau de mes jours puisse coûter des pleurs à mon ami.

NISIE.

Un ferment engage la Reine.

LANVAL.

Ce ferment ne peut la lier lorfque je n'exige point qu'elle l'accompliffe. Qu'eft-ce qu'un hymen que le cœur ne fuit point ? Je refpecte les loix facrées de la Chevalerie. Elles ne furent jamais d'opprimer la beauté malheureufe. En fauvant Clorinde, j'ai fait ce que j'ai dû faire, & je ferais un barbare fi, brifant les nœuds les plus doux, j'aviliffais ma victoire en la condamnant fans retour à des pleurs éternels.

NISIE.

Ah! que vous connaiffez peu le cœur de Clorinde ; fachez heureux Lanval qu'il n'eft rempli que de vous, qu'elle vous adorait au comble de l'infortune, & qu'elle ne chérit fa grandeur, qu'elle vous doit, que parce qu'elle peut la partager avec vous.

LANVAL.

Qu'ai-je entendu? la Reine m'aimerait? Vous vous trompez, Nifie, vous vous êtes méprife aux expreffions de fa reconnaiffance, je ne fuis qu'un fimple Chevalier, je ne méritai jamais qu'elle abaiffât fes regards jufqu'à moi. Ceffez un difcours qui l'offenfe. N'oubliez pas le refpect que vous lui devez, & difpenfezmoi d'entendre un langage qui blesse également mon oreille & mon cœur.

NISIE.

Sachez, Seigneur, que je ne vous parle que par ses ordres.

LANVAL.

Je ne reviens point de ma surprise.

NISIE.

Refuseriez-vous la main de la Reine ?

LANVAL.

Un mot seul sera ma réponse ; j'aime.

NISIE.

Et quelle rivale peut mériter la préférence ? Quelle beauté peut le lui disputer ?

LANVAL, *avec chaleur.*

Quelle beauté ? Ah ! celle que j'adore n'a pas besoin des prestiges de la grandeur pour mériter les hommages de l'univers Elle est au-dessus de l'éloge comme de la comparaison. Il suffit de la voir pour l'idolâtrer à jamais.

NISIE.

La présence d'une Reine jeune & belle, l'offre d'un trône, sauront dissiper ces illusions d'un frivole amour.

LANVAL, *avec enthousiasme.*

Qui ? moi changer ? jamais ! l'offre d'un trône, tous ceux du monde ne sauraient me rendre infidèle un instant. Ah ! pour prouver mon amour, il n'est point de sacrifices que je ne fusse capable de faire. Quoi ! je céderais aux faveurs de la fortune. Urbélise ! si j'en étais capable, je ne mériterais pas de porter le nom de ton amant.

NISIE.

Urbélise !

LANVAL.

Quel nom vous est échappé ?

NISIE.

Celui de cette beauté célèbre que vous venez de nommer vous-même.

LANVAL.

Ah ! Dieu !

NISIE.

La Reine revient. Vous fuyez sa présence ? Que lui répondre ?

LANVAL.

Que mon bras & mes jours sont à elle ; que mon respect égalera toujours ma prompte obéissance ; mais qu'il n'est plus en mon pouvoir de disposer de ma main ni de mon cœur.

SCENE XVI.

NISIE.

EN vérité le Seigneur Lanval extravague, & j'étais bien loin de prévoir sa réponse.

SCENE XVII.

NISIE, CLORINDE, *quatre Gardes au fond de la Scène.*

CLORINDE.

QUE dois-je augurer, Nisie? Lanval s'éloigne à mon approche. Je lis mon sort dans tes regards. L'ingrat! il me méprise!

NISIE.

Il voit en vous une Reine qu'il respecte, vos ordres seront toujours sacrés pour lui.

CLORINDE.

Mes ordres! je n'en ai plus à lui donner. Si l'amour se commandait, j'userais peut-être de mon autorité; mais, Nisie, tu n'auras montré à ses regards que la Souveraine: il ne fallait faire voir que l'amante. L'amour naît de l'égalité. Il fuit les entraves de nos misérables conventions, de nos préjugés chimériques. Lanval est un Hèros, sa valeur l'à rendu mon égal.

Que dis-je, c'est moi qui lui dois tout. En le plaçant sur mon trône, je ne lui rends que le bien que je tiens de sa vaillance. Tu n'auras pas su lui peindre ce que j'éprouve. Il aura cru que j'obéissais à la nécessité, que je remplissais un serment qui m'afflige, & son cœur généreux veut dégager le mien ; il fallait lui dire que le don de sa main était mille fois plus flatteur, plus précieux pour Clorinde que toutes les faveurs de la fortune, que je le préférerais aux plus grands Rois du monde... Il fallait.... il fallait connaître mes sentimens ; mais tu les connaissais, Nisie, je ne t'ai rien caché. Pourquoi as-tu trahi les vœux d'une maîtresse qui fut toujours ton amie ?

NISIE.

J'ai dit ce que je devais dire. Rappellez les sentimens de votre gloire ; ne cédez plus à une passion qui vous dégrade ; oubliez un amour malheureux.

CLORINDE.

Eh! dépend-il de soi d'aimer ou de n'aimer plus ? L'ame remplie d'une passion brûlante ne desire que l'objet aimé. Que m'importe mon Trône, cette gloire qui m'importune. Un désert & Lanval, & je serais heureuse. Infortunée que je suis ! je ne peux ni ne veux arracher le trait qui me déchire. Lanval est donc insensible, il ignore donc ce charme qui nous attire vers un autre être, d'où dépend notre félicité? Il est insensible! il ne peut l'être toujours. C'est pour la première fois que ce langage frappe son oreille. Peut-être a-t-il craint de t'ouvrir son ame? Peut-être son jeune cœur ne repoussera pas toujours un amour qu'il fait naître, peut-être le respect seul l'a empêché en ta présence de laisser paraitre ses sentimens. Ah! quand on aime autant que je le fais, on a droit d'espérer du retour.

NISIE.

Il m'en coûte de vous affliger. Oubliez Lanval. Une autre, dit-il, regne sur son cœur. Il a juré de l'aimer toujours.

CLORINDE.

Une autre régne sur son cœur? Ah! Nisie, tu viens de prononcer l'arrêt de mon trépas. Cruelle, que ne me laissais-tu mon erreur. Tu viens de me ravir l'espérance, tu m'arraches le cœur. C'est une autre qu'il aime? Mais cette autre l'aimera-t-elle autant que je le fais. Il faut l'oublier, le mépriser, le haïr. L'oublier, le haïr? Vains desirs d'une amante insensée! Tout ingrat qu'il est, je ne puis exister que par lui; mais quelle est cette rivale qu'il me préfère? La connais-je? Parle, a-t-elle donc tant d'attraits, que je ne puisse me flatter de l'emporter sur elle?

Parle,

Parle, éclaircis-moi. Que je connaisse mon malheur dans toute son étendue.

NISIE.

C'est Urbélise qu'elle se nomme.

CLORINDE.

Urbélise ? c'est pour la premiere fois que j'entends prononcer ce nom fatal. Quelle est cette Urbélise ? jamais elle ne parut à ma Cour. La renommée aime à publier les charmes d'une belle ; Urbélise est sans appas sans doute, puisque son nom même n'est pas parvenu jusqu'à nous Qu'on cherche cette Urbélise, je veux la connaître, je veux la voir : qu'elle n'espère pas que mon lâche cœur lui cède impunément la victoire. J'aime avec fureur ; je suis amante & Reine ; je suis outragée : une jalousie dévorante s'empare de tous mes sens ; qu'elle tremble ; il n'est point de terme où ma vengeance puisse s'arrêter. Je sens que Lanval lui-même peut devenir l'objet de ma fureur. Je veux le voir ; c'est de sa bouche même que je veux entendre mon arrêt.

NISIE.

Madame, reprenez des sentimens dignes du rang où le ciel vous plaça ; oubliez à jamais l'ingrat Lanval.

CLORINDE.

Laisse-moi ; tes discours m'importunent ;

tu ne connus jamais l'amour. Ah! si tu pouvais connaître les tourmens d'un cœur dédaigné, qu'on réduit à détester le jour, tu sentirais qu'il est impossible d'écouter les conseils de la froide raison. Lanval est tout pour moi; sans lui l'univers, tout disparaît à mes yeux. Il faut que je le fléchisse ou que je meure; mais si l'ingrat me donne une rivale, je ne mourrai qu'après les avoir rendus l'un & l'autre aussi malheureux que moi, s'il est possible; non, quels que soient leurs maux, ils n'égaleront jamais le supplice affreux que j'éprouve. Qu'ils frémissent les perfides, qu'ils frémissent des justes transports d'une amante au désespoir.

SCENE XVIII.

NISIE.

SI c'est-là de l'amour, je suis bien heureuse de ne pas en avoir pour Arlequin. Je l'aime, mais plus doucement, comme on doit aimer un mari. Il est parti, cela m'a fâchée; il revient, j'en suis bien aise, & c'est tout. Mais où donc est-il ce cher époux? ah! le voici.

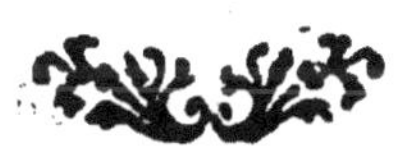

SCENE XIX.

NISIE, ARLEQUIN *rode au fond du Théâtre.*

NISIE.

VOYONS s'il viendra m'aborder.

ARLEQUIN.

La voilà ma pauvre petite Nisie ; la battre pour premier compliment ! ça me fend le cœur rien que d'y songer.

NISIE.

Il attend que j'aille à lui la premiere ; point, Nisie, soutenons l'honneur du sexe.

ARLEQUIN.

Non, je ne puis m'y résoudre ; cette méchante sorcière n'est pas-là. Je prierai Nisie de dire que je l'ai battue, elle voudra bien me faire ce plaisir ; un mensonge ne doit pas être une chose bien difficile pour une femme. Allons, vaille que vaille, embrassons-la à bon compte. On peut embrasser les gens sans leur parler, ça se voit tous les jours. (*Il s'avance.*)

SCENE XX.

NISIE, ARLEQUIN, FLORINE.

FLORINE *partant du ceintre.*

Arlequin !

ARLEQUIN, *tremblant.*

Ahie ! ahie ! je suis mort : elle va me tordre le cou, ou me remettre en cage ; Madame, par pitié.

FLORINE.

Obéis, ou c'est fait de toi.

ARLEQUIN.

Ah ! que c'est dur une commission pareille ! allons, raffermis-toi, mon cœur. Après tout, six coups de bâton, c'est bientôt passé. (*Il regarde d'où la voix est partie.*) Mademoiselle, tenez-la quitte pour la moitié.

FLORINE.

Non, point de grace.

ARLEQUIN.

Ah ! mon Dieu ! mon Dieu !

NISIE.

Il rode pour voir si je ferai les avances ; n'ayons pas l'air de prendre garde à lui.

ARLEQUIN *fait les mêmes lazzis qu'il a déja faits.*

Elle ne s'attend pas à ce régal.

NISIE.

Comme c'est lent un mari !

ARLEQUIN, *lui donnant un coup de batte.*

Bon jour, Nisie.

NISIE, *lui rendant un soufflet.*

Ah ! scélérat, est-ce ainsi que tu m'accostes ?

ARLEQUIN.

Ma bonne petite Nisie, il n'y en a plus que cinq.

NISIE.

Misérable !

ARLEQUIN.

Allons, puisque je suis en train. (*Il lui donne encore un coup de batte.*) Reste à quatre, ma bonne amie.

NISIE.

Ah ! traître ! que t'ai-je fait pour me traiter ainsi ?

ARLEQUIN.

Je t'aime de tout mon cœur. (*Un coup de batte*) Réjouis-toi : voici la moitié de la besogne faite.

NISIE.

Arlequin, es-tu fou ?

ARLEQUIN.

Non, non, je suis dans mon bon sens. (*Il lève le bras pour la frapper.*)

NISIE.

N'y viens pas, ou je t'arrache les yeux. (*Elle se recule*)

ARLEQUIN *s'avance vers elle.*

A présent que c'est commencé; (*Il lui donne un coup de batte.*) bon, plus que deux.

NISIE.

Au meurtre! au voleur!

ARLEQUIN.

Ne crie donc pas; prête-toi à la circonstance.

NISIE.

Infâme! (*Comme Arlequin vient à elle, elle s'enfuit.*)

ARLEQUIN.

Ne cours donc pas si vîte, je ne pourrai pas te joindre. (*Ils courent autour du Théâtre; Arlequin l'atteint d'un coup de batte.*) Au dernier.

NISIE, *s'arrêtant.*

Et tu crois que je me laisserai maltraiter impunément ?

ARLEQUIN, *lui donnant le sixieme coup.*

C'est fini, embrasse-moi, ma bonne amie.

NISIE.

T'embrasser !

ARLEQUIN, *à genoux.*

Hé bien ! je te demande pardon.

NISIE.

Voilà les hommes ! ils nous insultent, nous outragent, & croient en être quittes après pour quelques légères excuses. Adieu, traître, lâche époux, je t'abhorre, je te déteste. Je vais porter mes plaintes à la Reine, & tu n'en seras pas quitte à si bon marché.

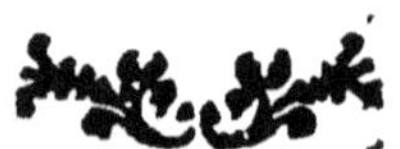

SCENE XXI.

ARLEQUIN.

GRACES au ciel tout est fini. Courons après elle pour faire notre paix : elle est si bonne, ma Nisie, que quand elle m'aura injurié encore cinq à six fois, elle n'y pensera plus du tout.

Fin du second Acte.

ACTE III.

Le Théâtre représente une Prison.

SCENE PREMIERE.

LE GEOLIER, HIRON.

HIRON, *accrochant le bouclier de Lanval à une coulisse à gauche.*

VOILA donc l'asyle du généreux Lanval ? hélas ! l'infortuné ne l'habitera pas long-temps.

LE GEOLIER.

J'en suis fâché ; un grand Seigneur en prison est une mine d'or pour un Geolier ; il n'y a rien à gagner avec des gueux. Ça ne vaut pas la paille qu'on leur donne : mais, Seigneur, de quel crime Lanval s'est-il donc rendu coupable ?

HIRON.

Tout le monde l'ignore. Il arrive. Il sauve la Reine & l'Etat, & pour récompense on l'arrête, on le condamne, on dresse un échafaud, où il va, dit-on, finir ses jours.

LE GEOLIER.

Il y a là-dessous quelque chose que ni vous ni moi ne devons pénétrer ; il a tort, si on le punit ; Clorinde est équitable ; avant de blâmer les actions des grands, quelques injustes qu'elles paraissent, il faut connaître le dessous des cartes : nous autres peuple nous bavardons *ab hoc* & *ab hac* ; nous jugeons sur les apparences, & rien ne trompe comme cela ; aussi, pour m'éviter des méprises désagréables, je n'ai pitié de personne, & je fais bien : qu'a dit Lanval quand vous l'avez arrêté ?

HIRON.

Rien ; il m'a remis son épée sans se plaindre ; la seule grace qu'il a demandée, c'est qu'on lui laissât son bouclier ; j'ai cru qu'on pouvait sans conséquence lui accorder cette légère faveur.

LE GEOLIER.

Il y a sur ce bouclier la figure d'une femme qui me paraît jolie ; c'est sans doute celle de sa maîtresse. Il m'est défendu de laisser entrer ici aucune femme telle qu'elle soit, vieille ou jeune, laide ou jolie ; mais les portraits ne sont pas consignés. Son valet Arlequin est aussi prisonnier. J'ai envie de le lui envoyer. Qu'a donc fait ce malheureux ? sera-t-il puni des fautes de son maître ?

HIRON.

Pour celui-là, il mérite son sort; il a battu sa femme.

LE GEOLIER.

Que cela ! elle est donc bien susceptible cette Princesse ? je bats la mienne toutes les fois que je m'enivre ; elle sait à-peu-près le jour, s'y attend & ne dit rien.

HIRON.

Tout cela vient de l'habitude ; apparemment que la femme d'Arlequin n'y était pas accoutumée, elle a porté sa plainte au Tribunal. On a donné, d'après son récit, une mauvaise tournure à la chose. Nisie est jolie ; Arlequin est sans protecteur, je ne voudrais pas être à sa place.

LE GEOLIER.

Ni moi non plus. Pour rendre la cérémonie plus imposante, on pourrait bien lui faire partager le sort de son maître. Ah ! ah ! voici Lanval qui sort du Tribunal ; dès qu'on le renvoie en prison, son affaire ne sera pas longue.

SCENE II.

LE GEOLIER, LANVAL, HIRON.

LANVAL, *voyant son bouclier, à Hiron.*

VOUS m'avez accordé la demande que je vous avais faite, je vous remercie de votre bonté. Pardon, si je ne puis vous témoigner autrement ma reconnaissance.

HIRON.

Seigneur, j'ai eu le bonheur de vous être utile, je suis trop récompensé.

LE GEOLIER.

Vous pourriez vous ennuyer tout seul; je vais vous envoyer Arlequin; deux malheureux se consolent ensemble, & par ma foi c'est ce que vous avez de mieux à faire, l'affliction n'est bonne à rien & ne remédie à rien.

SCENE III.

LANVAL.

VOILA donc quelle est ma destinée? Quand la calomnie m'accuse, quand l'injustice me condamne, aucune voix ne s'élève pour me défendre. Que Clorinde, en proie à une passion fatale, égarée par une jalousie aveugle, jure ma perte dans son délire, je la plains & je l'excuse ; un jour ses yeux ouverts à la raison donneront des larmes à mon trépas ; mais que l'on me suppose des crimes imaginaires, qu'on écoute les cris de la haine, qu'un Tribunal vendu à mes persécuteurs prononce un arrêt infâmant qui m'ôte l'honneur avec la vie, c'est ce que mon esprit étonné ne conçoit qu'avec horreur ; mais aucun ami ne vient prendre part à ma peine. Eh ! quoi tout m'abandonne, & Clarence, Clarence, que j'ai tant aimé ; pourrait-il s'applaudir du malheur d'un rival ? Non, non, c'est lui faire injure. (*Voyant Arlequin.*) Ah ! voilà le seul ami qui me reste.

SCÈNE IV.

LANVAL, ARLEQUIN.

LANVAL.

TU viens consoler ton pauvre maître ?

ARLEQUIN.

Je viens chercher des consolations auprès de vous.

LANVAL.

Tu pleures sur mon sort ?

ARLEQUIN.

Ah! je pleure bien aussi sur le mien.

LANVAL.

Un Tribunal injuste vient de me condamner,

ARLEQUIN.

Mon affaire est faite à ce qu'ils m'ont dit.

LANVAL.

Serais-tu la victime de mon infortune ?

ARLEQUIN.

Non ; on m'a fait l'honneur de me condamner pour mon compte. Votre affaire & la mienne sont deux affaires différentes, & vont, dit-on, se terminer tout de même ; ça me fait un chagrin, un chagrin, que je ne puis vous l'exprimer.

LANVAL.

Comment ?

ARLEQUIN.

Nisie veut être veuve.

LANVAL.

Que lui as-tu fait ?

ARLEQUIN.

Une misère ; six petits coups de bâton que je lui ai donnés le plus joliment que j'ai pu pour contenter la soubrette de la

Fée. Nisie n'a pas voulu se prêter à la circonstance ; elle a porté ses plaintes, on n'a pas écouté mes raisons, & la conversation entre les juges & moi s'est terminée en me disant d'arranger mes affaires, que je partirais ce soir pour l'autre monde. Ah ! maudit voyage ! jamais je n'avais eu moins d'envie de te faire qu'aujourd'hui. Est-il possible que l'on contrarie les gens comme cela ?

LANVAL.

O toi, ma chère Urbélise, toi pour qui je vais perdre la vie, la renommée en t'apprenant ma triste fin, t'apprendra peut-être aussi les crimes dont on va flétrir ma mémoire.

ARLEQUIN.

Cruelle Florine ! tu m'as fait perdre l'amitié de ma femme, tu m'as brouillé avec la justice qui en use bien malhonnêtement avec moi, viendras-tu me tirer de l'embarras où je suis ?

LANVAL.

Que fais-tu à présent, ma chère Urbélise, soupçonnes-tu le destin de ton amant ?

ARLEQUIN.

(*Il va prendre le bouclier & le considère.*)

Bath ! elles pensent bien à nous l'une & l'autre ; elles sont peut-être occupées à se mocquier de quelques pauvres chevaliers qui seront comme nous les dupes de leurs politesses intéressées. Qui croirait cependant qu'un si joli visage serait capable d'une perfidie aussi atroce ?

LANVAL.

Malheureux, garde-toi d'accuser Urbélise ; c'est moi seul qui me suis attiré mes malheurs par mon indiscrétion ; j'ai nommé celle que j'aime malgré sa défense. Ah ! qu'elle ne soit pas la victime d'un crime involontaire que tout mon cœur déteste ; que je sois puni seul, & je bénirai l'instant qui terminera ma vie. Urbélise ! tu n'entends plus ma voix : ce bouclier en m'offrant ton image, m'offre des traits enchanteurs & muets qui ne m'apprennent rien, qui ne dissipent point ma cruelle incertitude. (*Il se détourne du bouclier avec douleur.*)

(*Le bouclier change & représente une tête de vieille. Ce changement se fait au moyen d'un store. Le portrait de la Fée est peint sur un taffetas ; celui de la vieille sur le fond. A la réplique Arlequin lâche le cordon du store ; le taffetas se roule, & laisse voir l'autre portrait*)

ARLEQUIN.

Ah ! Monsieur, Monsieur !

LANVAL.

Pourquoi ce cri ?

ARLEQUIN.

ARLEQUIN.

Regardez le bouclier. Ah ! comme la voilà devenue laide ! (*Il pose le bouclier près d'une coulisse.*)

LANVAL.

Voilà mon ouvrage !

ARLEQUIN.

Ah ! si elle eût été comme cela ce matin, nous ne serions pas où nous sommes.

SCENE V.

ARLEQUIN, LANVAL, URBELISE, *sans être vue.*

URBELISE.

LANVAL, tu vois les fruits cruels de ton indiscrétion, mon pouvoir est détruit, mes charmes sont effacés, tu ne peux plus me voir : c'est pour la dernière fois que ma voix peut encore se faire entendre à ton oreille, & je viens te sauver.

LANVAL.

Me sauver ?

ARLEQUIN.

A la bonne heure ; c'est à ceux qui ont fait le mal à le réparer.

URBELISE.

Ecoute-moi, Lanval, les momens me sont chers ; une seule ressource te reste pour sauver ta vie : la Reine irritée te pardonnera si tu me livres entre ses mains ; ta volonté me rendra ma première forme pour un instant ; je l'emploierai pour m'offrir à ses regards, mon sang suffira pour l'appaiser, & tes fers seront brisés pour jamais.

LANVAL.

Urbélise ! qu'osez-vous me proposer ?

URBELISE.

Apprends l'arrêt irrévocable d'un pouvoir au-dessus de mes enchantemens. Si quelque secours étranger vient briser ta chaîne, nous sommes réunis pour toujours ; mais si l'univers nous abandonne, il faut que l'un de nous deux termine sa carrière pour rendre à l'autre sa première existence.

LANVAL.

Urbélise ! le cœur de Lanval se rouvre au bonheur ; ce n'est plus avec crainte, c'est avec transport que je verrai arriver l'instant de mon trépas.

ARLEQUIN.

Il est fou.

LANVAL.

Tu connaîtras enfin si Lanval savait t'aimer.

URBELISE.

Arrête, Lanval, laisse-moi périr.

LANVAL.

Tu verras, ma chère Urbélise, qu'il n'est point de sacrifices, quelque grands qu'ils puissent être, qui coûtent au véritable amour.

URBELISE.

Adieu Lanval, on m'entraîne; adieu, tu ne m'entendras plus.

SCENE VI.

ARLEQUIN, LANVAL.

ARLEQUIN.

MADAME, ne l'écoutez pas; revenez; ou si mon maître a perdu la tête, envoyez Mademoiselle Florine prendre ma place.

LANVAL.

Arlequin, mon cher Arlequin, conçois-tu ma félicité?

ARLEQUIN.

Non, le diable m'emporte; mais vous, concevez vous l'excès de mon guignon?

LANVAL.

Je vais périr pour celle que j'idolâtre,

ARLEQUIN.

On va m'expédier pour avoir obéi à celle que je n'aimais pas.

LANVAL.

Je t'ai offensé, Urbélise, en osant te nommer. Ah ! peut-on aimer & n'avoir pas sans cesse devant les yeux, dans le cœur & sur les lèvres le nom de celle qu'on adore.

ARLEQUIN.

Ah ! mon cher maître, faites ce qu'elle vous a dit. On peut toujours, quand on est jeune, trouver à faire une maîtresse ; mais si vous vous laissez couper la tête, on aura beau chercher parmi toutes les têtes, on en trouvera aucune qui puisse remplacer la vôtre.

SCENE VII.

ARLEQUIN, LANVAL, LE GEOLIER.

LE GEOLIER.

Seigneur, le Comte de Clarence veut vous voir.

LANVAL.

Le Comte de Clarence !

LE GEOLIER, *à Arlequin.*

L'ami, ces Messieurs veulent encore jaser un instant avec vous : suivez-moi.

ARLEQUIN.

Qu'ils sont donc bavards ces gens de la justice ! peut-être me font-ils vénir pour me demander excuse ; c'est cela : allons, passez devant, je vous suis.

SCENE VIII.

LANVAL, CLARENCE.

LANVAL.

C'EST vous, Clarence ?

CLARENCE.

Ma présence vous étonne, Lanval ? vous faites, sans le vouloir, le malheur de ma vie : la Reine vous préfère, son dédain fixe mon sort ; mais je ne veux pas que l'on puisse jamais croire que Clarence, aveuglé par sa jalousie, ait conspiré la perte d'un rival qu'il estima toujours.

LANVAL.

Comte, vous êtes chevalier comme moi ; je vous ai vû dans les champs de la gloire : un généreux guerrier ignore l'art perfide de se venger par une bassesse. Ce n'est point au glaive de Thémis, c'est à son bras qu'il remet le soin de sa vengeance.

CLARENCE.

Ignorez-vous le sort qui vous attend ?

LANVAL.

Il est affreux peut-être ; injustement condamné, un supplice fait pour le crime va terminer mes jours ; mais mon destin qui excite votre généreuse compassion, loin d'être un tourment pour moi, est le seul bonheur auquel j'ose aspirer.

CLARENCE.

Quel langage ! votre haine pour Clorinde est-elle donc si grande ?

LANVAL.

Moi, la haïr ! connaissez mieux mon cœur : elle est ma souveraine, je suis son sujet, je la respecterai jusqu'au dernier moment de ma vie : enfin, Seigneur, ce que j'ai fait pour elle, je le ferais encore. Maîtrisée par une passion brûlante & malheureuse, victime d'une jalousie dont elle rougira un jour, elle a chargé du soin de sa vengeance un tribunal injuste, vendu à mes ennemis. La tardive vérité viendra justifier ma mémoire ; on pleurera sur la tombe de celui qu'on accuse sans preuves, & le remords de mes juges cruels leur fera éprouver un supplice plus lent & plus affreux que celui que je vais ſubir avec joie.

CLARENCE.

L'injuſtice relève votre courage : c'eſt à ces marques, Lanval, que l'on reconnaît un grand cœur. Les vrais citoyens gémiſſent ſur votre deſtinée ; ils ne doutent point de votre innocence ; ils ignorent la cauſe du courroux de la Reine ; mais la foule penſe, ſur la foi de vos lâches rivaux, que c'eſt vous qui avez armé Alfard contre Clorinde ; que votre combat avec lui, votre victoire, n'étaient qu'un jeu entre vous concerté. On en donne pour preuve votre générosité envers Alfard : il l'eût immolé au repos de l'état, diſent vos ennemis, ſi ce triomphe ſimulé ne lui eût aſſuré le trône ; mais, Lanval, votre magnanimité m'a touché juſqu'aux larmes. Quoi, lorſque Clorinde vous accable, aucun murmure ne vous eſt échappé contre elle. Vous reſpectez ſa gloire, lorſqu'elle vous ravit la vôtre ! votre conduite augmente ſon amour ; » allez, m'a-t-elle dit, allez trou-
» ver Lanval, il règne plus que jamais ſur
» mon cœur : ce n'eſt pas ſa vie, c'eſt la
» mienne que je lui demande ; je meurs
» s'il périt ; un mot va le ſauver ; qu'il
» m'abandonne cette Urbéliſe, & tout eſt
» oublié ; je cours au milieu de ce peuple
» déſavouer mes funeſtes complots, faire
» triompher l'innocence en m'accuſant moi-

» même..... » Vous êtes généreux, Lanval, ayez pitié des maux qu'elle éprouve; c'est l'excès du malheur qui la rend injuste; rendez-nous la meilleure des Reines, & rendez-nous les plus grands des chevaliers.

LANVAL.

O digne Comte de Clarence, que vous acquérez de droits sur mon cœur. Je suis votre rival, & vous voulez sauver mes jours. Ah! je sens tout le prix de votre amitié, au moment que je vais en être privé pour toujours : sans mon malheur, que je n'ai pas mérité, que de doux liens allaient m'attacher à la vie & me la rendre chère! Croyez que le souvenir de votre générosité vivra dans mon cœur jusqu'au dernier soupir.

CLARENCE.

Je fais mon devoir, je satisfais mon cœur, je ne mérite pas d'éloges, je m'immole, je le dois. Clorinde a cessé de m'aimer, je puis en mourir; mais je renonce à l'espoir de la posséder contre le vœu de son cœur. Ce n'est point son trône, c'est elle que j'aimais; lorsque son changement me rend infortuné, je sens que je puis vouloir son bonheur aux dépens du mien même. Je ne la connais plus; l'état où un amour malheureux l'a réduite est plus digne de pitié que de courroux : ce n'est plus cette femme dont la beauté était le moindre de ses charmes; c'est une triste victime de la passion la plus funeste qui fut jamais: égarée, hors d'elle-même, elle peut oser tout pour se venger d'un refus offensant: épargnez un crime à son ame autrefois si pure; sauvez-la de sa propre fureur, de l'horreur éternelle d'un remords implacable. Croyez, mon cher Lanval, que j'aime mieux serrer moi-même vos liens, que de la voir flétrir à jamais ses vertus par l'arrêt de votre mort. Ne craignez point de m'affliger; c'est moi qui vous conjure, les larmes aux yeux, d'oublier votre ressentiment, de vaincre un autre amour peut-être. Eh! qui mérita jamais mieux que Clorinde le cœur de Lanval? Régnez sur Graduel, rendez nos peuples heureux; une ame telle que la vôtre ne peut-elle s'immoler au bonheur public? Entourés d'ennemis à craindre, nos soldats ont besoin d'un chef qui les mène à la victoire; nos citoyens ont besoin d'un protecteur, d'un père; soyez brave, Lanval, soyez notre appui, notre héros & notre maître.

LANVAL.

Généreux ami, mon ame est incapable de ressentiment; condamné par Clorinde, je périrai en coupable, j'emporterai au tombeau le secret de sa haine, involontaire sans doute; mais laissez-moi subir mon sort: je suis moins à plaindre que je ne vous le parais; le courroux de Clorinde est peut-être une faveur pour moi ; & si vous m'estimez, cessez de m'offrir un bonheur auquel je ne puis, ne veux, ni ne dois prétendre. J'aime avec idolâtrie l'objet le plus beau qui sortit jamais des mains de la nature, & j'ai pu l'offenser, le réduire au sort le plus affreux ; mon trépas peut seul expier ma faute, & je ne m'avancerais pas avec joie à l'échafaud qui m'attend. Ah ! le chevalier qui ne sait pas mourir pour celle qu'il adore, est indigne également d'inspirer de l'amour & même de la pitié.

CLARENCE.

Lanval, je prévois le courroux de Clorinde à vos nouveaux refus. L'espoir que j'ai osé lui donner de votre repentir a seul suspendu sa fureur, & vous êtes inflexible ! je ne cherche plus à vous faire changer de résolution ; mais je ne puis souffrir qu'un brave chevalier éprouve le sort des traîtres ; fuyez ce séjour, je puis à force d'or corrompre vos gardiens. Venez, un guide fidèle va conduire vos pas loin des lieux ingrats où l'on conspire votre perte. Venez, suivez-moi, tous les instans sont précieux, & le moindre retard peut devenir irréparable.

LANVAL.

Ah ! Clarence, Clarence, de quels traits vous déchirez mon cœur.

CLARENCE.

Laissez les expressions de votre reconnaissance; je suis plus heureux que vous, si j'ai le bonheur de sauver vos jours: venez.

LANVAL.

Jamais mon ame ne fut plus émue; votre générosité me pénètre, & je n'y réponds que par une ingratitude apparente. Plaignez votre ami, Clarence, tel est son sort, qu'il faut que sa destinée s'accomplisse, toute horrible qu'elle est.

CLARENCE.

Qu'entends-je? quel secret?...

LANVAL.

Croyez qu'il m'est impossible de le révéler, puisque je le tais à votre amitié.

SCENE IX.

LANVAL, CLARENCE, HIRON.

HIRON.

SEIGNEUR Lanval, le Tribunal assemblé vous attend.

CLARENCE.

C'en est donc fait?

LANVAL.

Embrassez votre ami; ma mort satisfera Clorinde; elle oubliera la victime qu'elle immole; elle vous rendra justice; elle sera votre félicité.

CLARENCE.

Lanval!

LANVAL.

Dites à la Reine que j'ai plaint son malheur: elle condamne un innocent, je veux sauver sa gloire; j'emporte au tombeau le secret de sa persécution: adoucissez, s'il est possible, l'horreur de ses remords. Adieu, Clarence, adieu.

SCENE X.

CLARENCE.

Il va mourir. Ah! Dieu: retournons auprès de Clorinde. Ah! si l'excès de la douleur dont mon ame est pénétrée peut prêter à ma voix ces accens qui touchent les cœurs; non, non l'infortuné Lanval ne périra pas. (*Il sort.*)

SCENE XI.

(Le Théâtre représente une place publique ; au fond est un échafaud dressé.)

Douze soldats mènent Arlequin ; on lui fait faire un tour de Théâtre ; l'orchestre exécute une marche lugubre. Quatre gardes portent sur leurs boucliers, l'un un cordon, l'autre un sabre, un troisième une torche, un quatrième un plateau, sur lequel est un verre & deux flacons. Ces quatre gardes sont de front ; les autres sont de chaque côté.

ARLEQUIN, LE GEOLIER, SOLDATS.

ARLEQUIN.

MONSIEUR, c'est donc pour tout de bon?

LE GEOLIER, *les premiers mots à part.*

Exécutons l'ordre qu'on m'a donné : faisons-lui peur. (*haut.*) Il n'y a pas à en revenir, l'arrêt est prononcé, il faut qu'il s'exécute.

ARLEQUIN.

Je ne reverrai plus Nisie.

LE GEOLIER.

Elle n'a pas cru que les choses iraient

ſi loin. Elle a été toute en pleurs demander votre grace, on n'a pas voulu l'écouter; on n'a pas même voulu lui donner la permiſſion de vous dire le dernier adieu.

ARLEQUIN.

Le dernier adieu!

LE GEOLIER.

On ne badine pas avec la juſtice.

ARLEQUIN.

C'eſt bien la juſtice qui ne badine pas; eſt-ce qu'elle devrait ſe mêler des affaires de ménage? ne pourrais-je pas trouver dans tout ce monde qui me regarde, quelqu'un d'honnête qui voulût prendre ma place?

LE GEOLIER.

On ne ſouffrirait pas cet échange.

ARLEQUIN.

Monſieur, je ne me ſens pas diſpoſé à mourir aujourd'hui, remettons cela à un autre jour.

LE GEOLIER.

Je n'en ſuis pas le maître.

ARLEQUIN.

Ah! mon Dieu, mon Dieu, que j'ai donc de chagrin.

LE GEOLIER.

Pourquoi tant s'affliger? la vie eſt ſi peu de choſe.

ARLEQUIN.

Elle est tout pour moi.

LE GEOLIER.

Je ne veux pas plus long-temps jouir de votre peine. Consolez-vous, mon ami ; comme c'est la première sottise que vous faites, la justice vous accorde une faveur bien grande à laquelle vous ne vous attendez pas.

ARLEQUIN.

Est-ce que j'en serai quitte pour la peur? Sanquedimi, embrassez-moi, je n'ai pas plus de fiel qu'un pigeon, j'oublie tout ; bon soir, mon ami.

LE GEOLIER

Arrêtez : vous devez sentir qu'on n'a pas fait assembler ces Messieurs pour une bagatelle comme cela. Vous donner votre grace, ça priverait le public d'un spectacle imposant & attendu.

ARLEQUIN.

C'est-à-dire qu'il faut que je sois pendu pour amuser le monde.

LE GEOLIER.

Cela dépend de vous.

ARLEQUIN.

Si cela dépend de moi je ne le serai pas.

LE GEOLIER

On vous donne le choix de votre supplice.

ARLEQUIN.

Comment le choix ?

LE GEOLIER.

Oui, décidez-vous, on vous offre un cordon bien coulant.

ARLEQUIN.

Nani, nani, point de cordon.

LE GEOLIER.

Aimez-vous mieux un sabre bien affilé ?

ARLEQUIN.

Rengaînez, rengaînez; comme il brille, ça me fait mal aux yeux; je ne pourrai jamais supporter ce supplice, & puis moi je me trouve mal dès que je vois couler mon sang.

LE GEOLIER.

Ah! par exemple, un joli bûcher bien ardent.

ARLEQUIN.

Non, je crains la brûlure comme tous les diables.

LE GEOLIER.

En ce cas, vous accepterez un poison bien subtil : donnez le breuvage.

ARLEQUIN.

M'empoisonnez-vous à l'eau ou au vin ?

LE GEOLIER.

Cela dépend de vous.

ARLEQUIN.

Si c'est une nécessité d'en passer par-là, j'aime mieux que ce soit au vin.

LE GEOLIER.

LE GEOLIER.

Le flacon de Champagne. (*Le Geolier prend un flacon & un verre*) Avalez-moi cela garçon.

ARLEQUIN, *après bien des lazzis.*

Cette mort est plus douce que je ne le croyais. Quel dommage que ça soit si bon & que ça tue. Allons, un second verre; puisque je suis entrain, je veux m'expédier tout de suite.

LE GEOLIER.

Gardez la bouteille : voici Lanval; adieu mon ami, vous êtes mort.

ARLEQUIN.

Je suis mort? c'est singulier, je ne m'en suis pas apperçu : allons, achevons d'avaler la douleur; après tout, c'est un hemin qu'il faut toujours faire; je suis bien aise d'en être quitte. (*Il va s'asseoir auprès d'une coulisse sur le devant du Théâtre.*)

SCENE XII.

ARLEQUIN, LANVAL, HIRON, SOLDATS.

HIRON, *à Lanval, qui arrive entouré de Gardes.*

SEIGNEUR, c'est avec douleur que le Tribunal, obéissant aux ordres de la Reine, vient de vous condamner : un seul moyen vous reste pour obtenir votre grace; il dépend de vous, dit-on, de livrer entre nos mains cette Urbélise, qui seule vous a excité à trahir Clorinde : indiquez sa retraite & vos fers sont brisés.

ARLEQUIN.

Si je n'étais pas mort, je sais bien ce que je lui conseillerais; mais ça ne me regarde pas, j'ai mon affaire.

LANVAL.

Je ne le cache pas; Urbélise est l'innocente cause de mes malheurs; elle seule m'a attiré le courroux de Clorinde. Je veux le croire légitime; je meurs sans me plaindre de mon sort, sans accuser mes juges : mais a-t-on cru que tout cet appareil pourrait épouvanter mon cœur? qui? moi! je livrerais aux fureurs de son ennemie la malheureuse victime de mon imprudence. Pour m'en punir, je veux bien périr en coupable à vos yeux. Cet effort me coûte sans doute; mais s'il en était un plus grand, je sens que je le ferais avec la même joie.

SCENE XIII.

LES PRÉCÉDENS, LE COMTE DE CLARENCE.

CLARENCE, *accourant.*

ARRETEZ, peuple, arrêtez, Lanval n'est point coupable; le complot le plus noir a été ourdi contre ce généreux guerrier, à qui vous devez tous votre salut : n'exécutez point les ordres de la Reine, sauvez-la de l'horreur d'avoir puni un innocent.

LANVAL, *s'approchant de Clarence.*

Que faites-vous, Comte, le peuple, qui ne juge que sur l'apparence, va croire que vous vous vengez du mépris de Clorinde. Soldats, éloignez-le, un excès d'amitié l'aveugle, je ne souffrirai pas qu'il se perde pour moi ; oui, peuple, ma mort est juste, j'ose enfin l'avouer ; j'ai trahi Clorinde, & le glaive des loix, en me frappant, la venge justement d'une faute impardonnable.

CLARENCE, *aux soldats qui l'ont séparé de Lanval pendant le couplet précédent.*

Vous me séparez de lui ; vous le laissez périr ! Peuple ingrat qui l'abandonne, tu pleureras un jour en larmes de sang le meurtre odieux de ce jeune héros.

LANVAL, *s'avançant vers l'échafaud.*

Adieu, Clarence, adieu. Urbélise, reçois les derniers vœux de mon cœur.

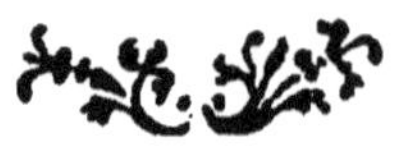

SCENE XIV.

LES PRÉCÉDENS, ALFARD & *ses Soldats.*

(*Alfard entre précipitamment le sabre à la main à la tête de ses Guerriers, au moment où Lanval est près de l'échafaud: ses Soldats repoussent ceux de la Reine; il embrasse Lanval.*)

ALFARD *entre du côté de la Reine.*

ARRETEZ! arrêtez!

SCENE XV & dernière.

LES PRECÉDENS, URBELISE, CLORINDE, FLORINE, NISIE, COUR DE LA FEE.

Au moment où Alfard a délivré Lanval, l'échafaud disparaît; la Fée paraît dans un palais qui remplace la place publique. Le fond du Théâtre est rempli de gradins qu'occupent les Danseurs; la Fée a à ses côtés Clorinde; elles sont sur un trône plus élevé que les gradins, quatre personnes peuvent y être assises, les soldats sont sur les deux côtés latéraux. Au moment du changement, Lanval est entre les bras d'Alfard & de Clarence.

URBELISE.

LANVAL!

LANVAL.

Urbélise !

URBELISE, *descendue du trône.*

Ta faute est réparée ; ton dévouement magnanime vient pour jamais de fixer ton sort & le mien : mais sans les secours d'Alfard, en recouvrant mes attraits & ma puissance, je perdrais le plus fidèle des amans.

LANVAL.

Alfard, qui a donc pu t'intéresser à mon sort ?

ALFARD.

Ta valeur, ta générosité ; je quittais ces climats à la tête des miens, lorsqu'une vieille femme, en larmes, m'apprend ton horrible destinée. Indigné de l'injustice de Clorinde, je vole avec tous mes soldats, qui partagent & ma fureur & mon impatience. Chaque instant qui s'écoulait me glaçait de terreur ; mais le ciel a permis que j'arrivasse à tems pour sauver mon vainqueur généreux : & la nouvelle jouissance, dont je goûte les charmes, est au-dessus de tous ces faux plaisirs que donnent la grandeur & même la victoire.

URBELISE.

Daignez me pardonner, jeune & belle Clorinde ; pour éprouver mon amant, j'ai un peu troublé le repos de votre cœur ; vous avez droit de vous plaindre.

CLARENCE.

Quoi ! Clorinde.

URBELISE.

Victime d'un pouvoir surnaturel, elle n'a cessé, malgré elle, de vous aimer, quelques instans que pour vous adorer le reste de sa vie; régnez sur son cœur comme sur ses états; généreux Clarence, vous êtes digne de votre bonheur.

CLARENCE.

Ne me trompe-t-elle point? est-il bien vrai, Clorinde.

CLORINDE.

Il me semble que je sors d'un long sommeil; mais aux sentimens que j'éprouve, je crois qu'il est impossible que jamais Clarence ait pu cesser de paraître le même à mes yeux.

URBELISE, LANVAL, CLORINDE, CLARENCE ET ALFARD *vont au fond du Théâtre; ils prennent place sur le Trône.*

NISIE.

Si tout cela est arrivé par magie, est-ce aussi par magie qu'Arlequin a été forcé de me maltraiter.

FLORINE.

C'est une espiéglerie que je me suis permise.

NISIE.

Ce n'est donc pas à lui que je dois en vouloir; viens, mon pauvre Arlequin.

ARLEQUIN.

Laisse-moi, Nisie, je suis mort.

NISIE.

Tu es mort?

ARLEQUIN.

Oui, ils me l'ont dit.

NISIE

Eh! non, non, tu es bien vivant.

ARLLQUIN

Ça n'est pas possible; & puis moi je suis bien aise d'être mort, parce que je ne mourrai plus, & si tu veux mourir aussi comme moi, cela vaudra mieux, parce qu'alors nous ne vieillirons pas, & nous serons toujours, toujours, toujours ensemble.

NISIE.

Reviens à toi, Arlequin, je t'assure que tu es aussi plein de vie que moi.

ARLEQUIN.

Est-ce bien vrai, vous autres?

HIRON.

Vous n'étiez mort que de ma façon; le Geolier n'avait ordre que de vous faire peur; le vin que vous avez bu était des plus naturels, & vous n'avez rien à craindre; cependant si vous vouliez mourir tout de bon.

ARLEQUIN.

Bien obligé; aussi j'avais quelque soupçon que l'on me trompait: après tout, puisque c'est ainsi, ce que nous avons de mieux à faire, c'est d'oublier le passé, de jouir du présent, & de nous arranger pour couler le plus commodément possible le temps qu'il nous reste à être de ce monde.

L'orchestre exécute une Marche. Les Soldats remplacent les Danseurs sur les gradins. Quand les Danseurs sont en place, ils dansent un ballet analogue qui termine la pièce.

FIN.

Lue & approuvée, pour la Représentation & l'Impression A Paris le 4 Décembre 1787.

Signé SUARD.

Vu l'Approbation, permis de Représenter & d'Imprimer. A Paris, le 6 Décembre 1787.

Signé DE CROSNE.

www.ingramcontent.com/pod-product-compliance
Lightning Source LLC
LaVergne TN
LVHW010615110826
845149LV00003B/923

* 9 7 8 2 0 1 9 1 9 5 8 8 5 *